心理学者、裁判と出会う

[供述心理学のフィールド]

大橋靖史・森 直久・高木光太郎・松島恵介［著］

北大路書房

この本を読まれる方へ

　供述心理学とは，司法システムのなかで事実認定に重要な役割を果たしている，自白や目撃証言といった供述に関するさまざまな問題に対し，心理学の立場から取り組む研究をさす。ただし，この本は，供述心理学に関する一般的・全般的な知識を提供するというより，むしろ，現在も進行している私たち心理学者の供述に対する知的探究の軌跡をしるすことに目的を定めた本である。私たちがここでめざしている「知」は，現場の知であり，臨床の知である。私たちはこれまで，取り調べ場面や法廷において被疑者・被告人，共犯者や目撃証人が尋問者とともに繰り広げてきた供述の問題について，心理学の視点から実践的な分析を試みてきた。

　これまでも私たちは，学会や学会誌などにおいて自分たちの研究を機会あるごとに発表するよう努めてきた。また，関わってきたそれぞれの事件において弁護団の方々と率直に意見をかわしてきた。しかしながら，これまで行ってきた分析や研究を，私たちが専門とする心理学のなかに位置づけることを積極的に行ってきたとは必ずしもいえない。正確にいえば，「行ってこなかった」というより，むしろ，私たち自身自ら行ってきたことを心理学のなかでどのように意味づければよいか，「はっきりわかっていなかった」といった方が適切かもしれない。

　しかしながら，供述の分析を始めてから10年近い歳月を経て，ようやく本書のような形で自分たちの研究を自らの言葉で語るときが，私たちに訪れるようになった。ただ私たちが語る言葉はいくつかの相からなっており，私たちが携わってきた問題をどの相からみるかにより，その意味は異なってくる。それらは次の4つの相からなる。

　第1の相は，犯罪事件の被疑者や被告人あるいは目撃者の証言を，心理学的に分析する手法について語る相である。心理学者が供述を分析する場合，従来はややもすると，供述をする者の人格や知的障害，精神障害の問題として扱う傾向があった。本書は，そうした心理学や精神医学における鑑定問題の再吟味を含め，供述心理学の方法について新たな見方を提供することになる。とくに，供述場面における「供述者のありよう」に注目した私たちの分析手法は，供述研究の可能性を切り開くものである。そうした意味では，本書は，供述の心理学，法と心理の問題，広い意味での犯罪心理学などに関心をもつ読者に向けて書かれているといってよい。もちろん，心理学の抱える問題だけでなく，取り調べや裁判過程そのものに直結する問題を扱っていることから，取り調べや裁判実務に携わる警察官，検察官，弁護士，裁判官の方々にもぜひ

読んでいただきたい。

　なお，供述心理学には，被暗示性といった人格特性を明らかにするグッドジョンソン（Gudjonsson, G.）らによる研究やよりよい尋問技法を探究するコーンケン（Köhnken, G.）らの研究など，海外における研究も進んでいるが，本書ではあえてそうした研究についてはほとんどふれなかった。それは，第Ⅰ部2章において検討することになるが，わが国の取り調べ状況の特異性を抜きにしてわが国の供述の問題について語ることはできないからである（海外の供述心理学については，Gudjonsson, 1992, Milne & Bull, 1999などを参照のこと）。

　第2の相は，供述を分析する研究を，生態学的心理学における記憶研究の実践として語る相である。本書の第Ⅰ部において詳しく論じることになるが，この本でこれから行おうとしている研究は，認知心理学者のアーリック・ナイサー（Neisser, U.）が提唱した記憶研究における生態心理学的な見方をさらにさきに進め，それを実践した研究と位置づけることができる。また，それは，かつてフレデリック・バートレット（Bartlett, F. C.）が提唱した想起の心理学を継承するだけでなく，結果的には，そのさきの未知なる領域へと踏み込んだ研究でもある。それは，過去の体験を供述するという記憶にかかわる現象を，生体の内部のみに原因を求めるのではなく，生体と環境との関わりを中核にディベロップ（発達）していくシステムとして記憶の問題をとらえようとする立場である。私たちの研究は，変化しつつも反復していくダイナミックな構造のパターンを具体的な供述のなかに探し出そうとする営みである。そうした意味で本書は，生態学的心理学における記憶研究やバートレット・パラダイムに関心のある読者に向けて書かれているといってよい。

　第3の相は，もっと広い意味で，心理学という学問の方法論について語る相である。正直にいうと，この試みが本当に成功しているとはいいがたいかもしれない。しかし，少なくとも，心理学という学問の方法論に対し疑問を感じている読者に対し，ひとつの新しい方向性を示すことにはなるだろう。とくに，不確定な記述を丹念に進めていく作業のなかから新しい心理学が生まれてくることを私たちは予感している。そうした意味では，心理学の方法論について関心のある読者に向けて書かれているといってもよい。

　最後に第4の相は，心理学にとどまらず，広くフィールド研究として私たちの研究を語る相である。フィールドにおける研究は，全般的な理論や一般原理に意味があるというより，むしろ，個々のフィールドにおける実践にこそ意味がある。その点では，この本の第Ⅱ部にあげる4つの事例はまさに具体的な実践を示している。それは，机

上の議論ではなく，当事者のひとりとして裁判のフィールドに参加している私たちの体験記でもある。また，心理学を専門とする者がフィールドにおいてどういったレベルでの記述を心がけていくことが必要なのかについても検討するつもりである。そうした意味では，これからフィールドにおいて心理学の研究を行うことをめざしている方や，現在，他のフィールドにおいてさまざまな研究を進めている学生や研究者に向けて書かれているといってよい。

なお，本書は大橋・森・高木・松島の4名が共同して執筆したものであるが，当初の分担は次の通りであった。ただし，各章にしるされた内容は，個々の担当者が単独で関わったというより，その多くは私たちや私たちが所属する東京供述心理学研究会全体で扱ってきた事件であり，かつ，私たちは本書の執筆の過程においてもお互い活発に意見を交換してきた。本書はこれまでの研究活動の経緯もあり，できるだけ共同して作業を進めるため，何度も著者らが住む札幌あるいは東京で打ち合わせを重ねながら作成された共同作業の産物である。したがって，本書は分担執筆というより，文字通り4名の共著といえる。なお，全体の文体の統一，および，第Ⅰ部，第Ⅱ部の導入部分については大橋が，また，全体の理論の整合性については森がそれぞれ担当した。

1章　森
2章　森
3章　松島
4章　森
5章　高木
6章　大橋
終章　高木

本書で扱った事例は，すべて東京供述心理学研究会で討議してきた事例である。この研究会の活動がなければ，本書だけでなく，ここにあげた研究そのものが存在し得なかったといってかまわない。その意味において，私たち4人は，研究会の他のメンバー，すなわち，原聰氏（駿河台大学），山本登志哉氏（共愛学園前橋国際大学），後安美紀氏（ATRネットワーク情報学研究所），丹藤克也君（北海道大学大学院博士課程）にその多くを負っている。感謝したい。また，私たちをこうした研究へと向かう先導

役を果たしてくださった佐々木正人氏(東京大学大学院)にはとくに感謝を表したい。

　さらに，私たちが裁判の場へ踏み出すきっかけを与えてくださり，また，供述心理学という分野を切り開いてくださった浜田寿美男氏（奈良女子大学）には本書のなかでも何度も登場願うことになるが，まず最初に本書を捧げるとしたらそれは浜田氏以外にはないだろう。

　それから，秋山賢三氏（東京弁護士会），麻田光広氏（兵庫県弁護士会），佐藤博史氏（第二東京弁護士会），弘中惇一郎氏（東京弁護士会）および吉村悟氏（福井弁護士会）には，それぞれ弁護を担当された事件等に関する本書の記述に目を通し，貴重なアドバイスをいただいた。改めて感謝申しあげたい。

　また，本書の企画から完成まで辛抱強く待っていただいた北大路書房編集部の関一明氏にもお礼を申しあげたい。

　最後に，私たちが各事件において関わってきた事件関係者，弁護団の皆さんの協力なくして本書は成り立ち得なかった。裁判のなかにはまだ決着をみていないものも多いが，私たちの研究が少しでも裁判に貢献できることを願っている。

著者のひとりとして　　大橋　靖史

［付記］ここ数年において，「被験者」(subject) という呼称は，実験を行なう者と実験をされる者とが対等でない等の誤解を招くことから，「実験参加者」(participant) へと変更する流れになってきている。本書もそれに準じ第3刷から，「被験者」を「実験参加者」へと表記を変更することとした。

この本を読まれる方へ

目　次

この本を読まれる方へ　i

第Ⅰ部　供述心理学の誕生　1

1章　記憶心理学者，裁判と出会う　2
1節　裁判との出会い　2
　(1)　浜田寿美男と出会う　2
　(2)　裁判と出会う　4
2節　私たちの裁判以前史　5
　(1)　アーリック・ナイサーと出会う　5
　(2)　エリザベス・ロフタスと出会う　9
　(3)　フレデリック・バートレットと出会う　11
3節　裁判実務に入りこんで　14
　(1)　弁護士と出会う　14
　(2)　供述調書と出会う　15
　(3)　三村事件と出会う　18
　(4)　浜田流供述分析を勉強する　21
　(5)　再び高輪グリーンマンション・ホステス殺人事件　24
　(6)　足利事件と出会う　26
　(7)　フレデリック・バートレットと再会する　27

2章　日本の裁判システムについて　29
1節　逮捕から裁判まで　29
2節　身柄拘束期間について　31
3節　調書について　32

第Ⅱ部　供述心理学のフィールド　35

3章　足利事件－「その人らしさ」を規定するもの－　36
1節　分析までの道のり　36
(1) 足利事件とは　36
(2) 鑑定依頼　37
(3) 「少年探偵団」　39
(4) 供述分析という方法をめぐって　40
(5) 能力論の落し穴　41
(6) 公判供述との出会い　42
2節　文体分析　44
(1) 分析の概観　44
(2) 文体分析の特徴　46
(3) 文体分析1－体験記憶供述の文体上の特性－　48
(4) 文体分析2－犯行行為供述の文体上の特性－　53
(5) 文体分析のまとめと結論　55
(6) 供述調書における正美ちゃんの不在　55
(7) 鑑定書の「解説」　56
3節　裁判の現場へ　58
4節　供述心理学の視点から　59
(1) 供述外部の評価基準に照らして供述を評価することの問題　60
(2) 能力という概念を用いて供述を評価することの問題　62
(3) 裁判において「個人」を扱うことの意味　63
(4) 文体分析の一回性　65

4章　甲山事件－コミュニケーションの軌跡を追う－　67
1節　分析までの道のり　67
(1) 甲山事件とは　67
(2) 裁判の経過　68
(3) 鑑定依頼　71
(4) 浜田意見書の後追いとその帰結　73
(5) 公判廷速記録への注目　74
2節　正岡君の公判供述のコミュニケーション分析　75
(1) 正岡君の公判供述の特徴　75
(2) 反対尋問は資料として適切か　78
(3) 反対尋問にみられるコミュニケーションの特質　80

(4)　反対尋問のコミュニケーション分析の意義　89
　　　(5)　コミュニケーション分析のまとめ　90
　3節　裁判の現場へ　92
　　　(1)　差戻し一審判決　92
　　　(2)　第二次控訴審判決　94
　4節　供述心理学の視点から　96
　　　(1)　外在的な理論のあてはめの放棄　96
　　　(2)　反復の単位の多様性　97
　　　(3)　コミュニケーションのなかの個別性　97
　　　(4)　スキーマとは何か　99

5章　福井女子中学生殺人事件 －たくみな供述者へのアプローチ－　102

　1節　分析までの道のり　102
　　　(1)　福井女子中学生殺人事件とは　102
　　　(2)　捜査の行き詰まりと目撃者の登場　103
　　　(3)　裁判の経過　104
　　　(4)　鑑定依頼　105
　2節　目撃証言の概要　106
　　　(1)　吉岡供述の概要　106
　　　(2)　吉岡供述の変遷と矛盾　108
　　　(3)　長島供述の内容と変遷　109
　3節　目撃証言の特徴　113
　　　(1)　供述者間の分業　113
　　　(2)　吉岡のたくみさ　114
　4節　分析手法　115
　5節　第一鑑定　116
　　　(1)　長島による目撃体験否認の理由づけ　117
　　　(2)　吉岡が町田の犯行に気づいた時点　118
　6節　第二鑑定　119
　　　(1)　長島供述における移動の語りの分析　120
　　　(2)　移動の意図の発生に関する供述　121
　　　(3)　行為供述と意図供述の連関パターン　123
　　　(4)　1つの推測　124
　7節　裁判の現場へ　126
　8節　供述心理学の視点から　127
　　　(1)　供述分析の問題　127
　　　(2)　たくみな供述者と供述特性　128
　　　(3)　たくみさへのアプローチは可能か　129

6章 尼崎スナック狙撃事件－尋問をコントロールしていたのは誰か－ 131

1節 分析までの道のり 132
   (1) 尼崎スナック狙撃事件とは 132
   (2) 鑑定依頼の経緯 133
   (3) 一審判決における証言の信用性判断の根拠 135
   (4) 共同作業としての想起行為 136

2節 大野証言のコミュニケーション分析 137
   (1) 大野のコミュニケーション特性について 137
   (2) 大野による尋問プロセスのコントロール 141
   (3) 2つの異なる事実の放置 146
   (4) 大野供述および証言の証拠としての問題点について 150

3節 裁判の現場へ 151

4節 供述心理学の視点から 151
   (1) たくみな供述者に対するコミュニケーション分析の有効性 152
   (2) 分析単位のゲシュタルト変換 154
   (3) 証言者としての責任の問題 155

終章 いくつかの出会いの後で 158

1節 裁判というフィールド 158
2節 想起の個別性へ 160
3節 スキーマとしての個別性 161
4節 スキーマとコミュニケーション 163
5節 社会構成主義的な想起研究とスキーマ・アプローチ 164
6節 分析単位のゲシュタルト変換 167
7節 スキーマ・アプローチの可能性 169

引用文献 173

索　引 177

第Ⅰ部

供述心理学の誕生

　第Ⅰ部では，私たちが現在行っている供述に関する分析や研究がどのような経緯で生み出されてきたか，その歴史を追っていこうと思う。ただし，それはたんなる過去を懐かしむ回顧録ではなく，ましてや自己宣伝や内輪ウケを狙った逸話でもない。私たちは，読者の皆さんに，私たちがこれまで出会ってきた研究者やその考え方，出会いによる熱狂，興奮や戸惑い，困惑を媒介にして，供述心理学へいたる道程を追体験し，この新しい分野を理解してもらいたいのだ。

　歴史とはあらかじめ決定されているものではない。それは，今ここにおける出会いと別れのつらなりからなる。私たちは供述心理学の誕生にいたるまで，いくつかの出会いを体験してきたが，それらの多くは私たちの生活する地平に忽然と姿を現してきたのであり，そうした出会いによって私たち自身も変化を遂げてきた。

　研究は，さまざまな研究者や彼らの考え方と繰り返し接触していくなかで，ディベロップしていくものであり，そこから新たな学問が生み出されていく。ここでは，供述心理学という新しい学問が，どのような接触を通し生み出されディベロップしていったのか，その軌跡をたどることにしよう。

　アーリック・ナイサー，エリザベス・ロフタス，フレデリック・バートレット，彼らの考え方に私たちが遭遇したのは，その著作を通してであった。また浜田寿美男との出会いも，はじめは彼の著作を通じたものであった。しかしながら，彼らの考え方との接触は，その後の研究の方向を決めるとても重要なものであった。

　その後，私たちは文字通り浜田寿美男と出会うことになる。また，実際の鑑定作業に私たちが携わることになってからは，実験室のなかにそのままいれば接することがなかったであろう実にさまざまな人たちとの出会いがあった。それは私たちに心理学という学問を真剣に見直すきっかけを与えてくれる契機となった。

　なお，本書では事件関係者のプライバシー等を考慮し，氏名を伏せることが適当な場合は仮名とし，場所や状況についても適宜変更したことをあらかじめお断りしておく。

1章 記憶心理学者，裁判と出会う

1節 裁判との出会い

（1）浜田寿美男と出会う

　1992年9月のことであった。私たち4人は，同志社大学で開催された日本心理学会に出席していた。私たちは記憶の研究者であったが，人工的な実験室で産出される研究には飽き足らなくなっていた。

　実験室の記憶研究者は，学習材料と呼ばれる「覚えるべき事柄」（主として，単語や無意味綴り）をスクリーンなどで提示し，そののち，再生テストや再認テストによって，どれだけ学習材料が思い出せるかを計量する。また思い出せる総量が，種々の条件によってどのように変化するかを調べる。従来の記憶研究の骨子は，このように表現することができる。テストが再生，再認以外のものに変わっても，結局「どれだけ覚えているか」「どれだけ再現できるか」という視点は変わらない。この視点は，記憶現象のごく一部，しかもかなり特殊化したもののとらえ方であると，私たちは考えていた。こうした記憶研究では，記憶というより，むしろ記憶力が扱われているのではないかとも思った。できればたくさんのことを覚えられるようになりたい。漏らさず思い出せるようになりたい。このような記憶力に対する世俗的な欲求が，記憶研究の根底にあるのではないか。ここまでいくと深読みしすぎかもしれないが，ともかく私たちは，さまざまな疑問や不満を抱えていた。

　私たちはこの学会で，ここ数年の自分たちの研究成果と，記憶研究の今後の方向性を提示するために，ワークショップを企画したのであった。企画名は『想起の社会性をめぐって－バートレットパラダイムの可能性－』であった。貯蔵されている記憶ではなく，思い出すという行為（想起）に焦点をあてたとき，記憶現象への社会や他者の不可欠な関与がみえてくる。バートレット（Bartlett, F. C.）は，このようなことを最初に言い出したとされる，英国の心理学者である。バートレットと対比される人物にエビングハウス（Ebbinghaus, H.）がいる。実験室的記憶研究の父とでもいうべき存在であるが，実験室実験を批判的にみる私たちにとっては論敵である。エビング

ハウスに批判的であったバートレットの思想に，自分たちと通底する部分を見いだしたことによって，彼の名を企画名に冠することにしたのである。発表者は3人であった。そのうちの1人は，記憶実験室および記憶の社会的構成（一例としてGergen, 1994を参照）について発表した。記憶の実験室が，被験者と実験者が構成する社会的契約の場であるということ。記憶に関する知見も，そのような社会的関係を抜きに考えられないこと。したがって，記憶の語り手が，聞き手とそれ以外の社会的関係を結んでいるときの想起の姿は，実験室的研究ではなおざりにされてしまうこと。以上のようなことが指摘された。もう1人は，教育実習生と指導教員による研究授業の反省会を観察した。社会が要求する想起の語り口を採用しつつ，体験の唯一性を語ろうとする想起に現れる，社会性と個人性の相克および弁証法的統一について発表がなされた。最後の1人は心理学者ではなく，社会学者であった。社会・対人的コミュニケーションのなかで，記憶が話し手と聞き手との間の解釈のダイナミズムによって生成されるものであること。想起やその裏返しとしての忘却の様態が社会制度に大きく依存していること。社会の存在を念頭に置いた記憶研究の一端が披露された。発表後の討論も盛況で，私たちは大きな充実感を味わった。

　私たちにとって，学会の目玉はこれだけではなかった。とはいっても，それは学会自体の催しではなかった。学会の開催期間中，同じ同志社大学内で，学会とはまったく関係ない講演が，「からだ研究会」なる団体によって企画されていた。講演者は，著名な心理学者として，かねてから私たちが敬意を表していた人物である。講演題目は私たちの専門とあまり関係はない。しかしその人物と直接会うことができるというだけで，私たちは講演会場に引き寄せられるように向かったのであった。

　講演者の名は，浜田寿美男であった。ジャン・ピアジェ（Piaget, P.），アンリ・ワロン（Wallon, H.）らの翻訳者であり，現場に密着した独自の発達論の提唱者でもある。またウェルナーとカプランの古典的名著『シンボルの形成』（Werner & Kaplan, 1963）の詳細な解説によって，私たちに大きな教示を与えてくれていた。業績もさることながら，彼の魅力は研究のスタンスとパワーにあった。学会から遠く離れたところで打ち立てられた独自の見解。しかもそれは象牙の塔の内部だけで通用する空虚な学説ではなく，現場に根を張った重厚なものだ。次々と産み出される論文や著作は無論秀逸であるが，それ以上に行間から垣間みえる彼の人格に私たちは大いに魅せられていた。

　講演の途中で，彼の近著の紹介があった。その著書は出席者の間で回覧され，希望すれば著者割引で購入できるという。『自白の研究』（浜田，1992）である。真っ暗な

礼拝堂の屋根窓から射し入るひとすじの日光が印象的な表紙をもつその著書は，700ページを有する大部であった。価格もけっして安いとはいえない。浜田氏には発達心理学者としての顔の他に，証言や自白の鑑定者としての顔があったことを思い出した。1980年代，すでに裁判関係の著書を浜田氏は何冊か上梓していたが，私たちはそれらすべてに目を通していた訳ではないし，自分たちとの関係も薄いと思っていた。実は私たちの仲間には，浜田氏の裁判関係の著作を優れた記憶研究として，すでに評価していた者もいたのだが，私たちの多くは内容と価格と，そしておそらくその分量に圧倒され，隣の出席者に本を手渡したのだった。もちろん後日，私たち全員がその本を定価で購入し，精読したのはいうまでもない。浜田氏をじかにみることのできた満足感は残ったが，裁判に関しては『自白の研究』の外見的なインパクト以上のものを感じなかった。学会が終わり，私たちは再び，それぞれの研究の場にもどっていった。

(2) 裁判と出会う

それから何か月か経ったころだと思う。私たちは，学会のワークショップで発表した内容を発展させ，記憶の本を執筆する企画を練っていた。その企画会合の場であったか，その後の飲み会の場であったか，浜田氏から私たちに依頼したい用件が届いているとの報告を受けた。ある刑事事件の再審請求を行うにあたって，力を貸してほしいとのことであった。

「なぜ私たちに」というのが，最初に浮かんだ率直な思いであった。浜田氏によれば，自白や証言は過去の体験に関する活動であり，それらの信用性の吟味は，要するに記憶の問題であるとのことだった。ついては，記憶の研究者，ことに従来の研究から新しい方向性を模索している研究者に，裁判の仕事に関与してもらえないかという申し出であった。

浜田氏は1980年代に発達心理学者として，知的障害児の証言の信用性鑑定（のちに私たちも関与することになる「甲山事件」）を請け負って以来，裁判のフィールドに魅せられ，抜け出せなくなってしまっていた。とはいえ，依頼件数は増加する一方で，さすがの浜田氏もすべてを背負いきれなくなっていた。そこで私たちに白羽の矢が立ったのだ。当時，私たちは裁判というフィールドについてほとんど無知だった。それが，警察官による取り調べから法廷での証言，そして判決にいたる過程であるという基本的なことさえ知っていたかどうか心もとない。あの浜田寿美男からの依頼ということで舞い上がっていたのかもしれない。非常に不確かな足元ながら，それに気づく

ことなく，私たちは裁判というフィールドに足を踏み込んだのだった。

2節　私たちの裁判以前史

　浜田氏が私たちを裁判というフィールドと引き合わせてくれたのは，私たちが記憶研究者だったからだ。依頼する方も，される方も，自白や証言は記憶の問題だろうと，素朴に考えていた節がある。たしかに記憶の問題であることに間違いはないのだが，そこでは，私たちのもっていた記憶心理学の枠組みとはまったく違ったアプローチが必要だった。このことに気づくのはもう少し後になってからだ。当時の私たちの記憶に関する素養はどのようなものであったのか。どのような「武器」を携えて，私たちは裁判というフィールドに赴いたのか。私たちの裁判前史，記憶研究史に少々おつきあい願いたい。

（1）アーリック・ナイサーと出会う

　私たちが学究生活に入る以前，記憶研究に1つの新風が吹き込まれようとしていた。その中心的人物こそ，アーリック・ナイサー（Neisser, U.）である。認知心理学者としてすでに名声を得ていた彼は，実験室的記憶研究に対し急進的な批判を展開し始めた。

　「Xが記憶の興味深い，あるいは社会的意義のある側面であるならば，そのようなXを心理学者が研究の俎上にのせたことは，これまでほとんどない。」（Neisser, 1978, p.4）。統制のとれた（「過剰に統制された」と言った方が適切かもしれないが）実験室で，およそ100年に渡って継続されてきた記憶研究の実情を，ナイサーはこのような表現で批判した。そして記憶研究者たちの実際的問題への無関心の原因を，記憶研究者たちの信念，自分たちはもっと重要なこと，すなわち，記憶の一般法則を探究しているのだという信念にナイサーは帰属した。100年間にわたる研究成果の多くは，「10歳の子どもなら誰でもがともかく知っているような明白なものである」（p.12）と，彼は言う。異論はもちろんあるだろう。記憶研究は常識以上のことを発見し続けているのだ，と。ナイサー自身，このことを認めるにやぶさかでない。たとえば，短期記憶や作動記憶のメカニズムを認めている。一例をあげれば，記憶探索時間が探索対象の選択肢の数と単調増加関係にあるという系列悉皆走査の発見（Sternberg, 1968）

などは，たしかに一般人の常識的知識にはない知見である。しかしナイサーによれば，これらのことは一般人が「記憶」という名称で指示するものとは大きくかけ離れている。さきに引用したナイサーの発言は次のように続いている。

> 「われわれはいくつかの発見をしたが，しかしそれは記憶に関する周辺的なものにすぎない。多くの場合，われわれはそれらをどう扱うべきかを知らず，それらに無益で，果てしない変形を加え，実験を行なっている。われわれが所有する一群の理論は，学問的には印象的であるものの，それらが自然行動に対して意味ある洞察を与える保証はと言うと，歴史が語るところによればあまりない。」（pp.12-13）

　常識を超えているかどうかが問題なのではない。日常の記憶運用についてほとんど言及しないことが問題なのだ。「それでもやはり」と，研究者たちは言うかもしれない。私たちの研究は，日常現象の基盤となる基礎的メカニズムの解明をめざしているのだ，と。実験室での研究に対し，ナイサーはエソロジスト（行動生物学者）からもたらされた教訓を突きつける。自然環境のなかで行われる動物たちの実際の行動が解明されることによって，実験室で構築された理論，概念そして研究方法の不適切さがあらわにされたではないか，と。この教訓から引き出された研究の基準は，現在ではだれもが耳にする次の用語によって表現されている。「生態学的妥当性（ecological validity）」――ヒトという種が生活する場において，記憶はいかに運用されるのかを問題にし，環境への適応として記憶現象をとらえ直そうとする態度である。ここから「日常記憶研究」という分野が誕生したのである。

　記憶研究は，日常へと解放された。ナイサーのかけ声によって実験室の呪縛から解き放たれた数々の研究が，日常記憶学派とでも名づけられる流れをなし，魅惑的な輝きを放っていた。ところがその一方で，無秩序な研究が生み出されていったことも事実だった。たとえば，実験法をまるっきり無視した研究が行われた。ナイサーが実験室を批判したのは，実験法が採用されているからではなく，生態学的妥当性が考慮されていないからである。したがって生態学的妥当性が保証されれば，実験法は有効かつ有益な研究手法となる。あるいは，記憶すべき対象を日常性の高いものにしただけの研究が行われた。仮想的な典型事例をあげてみよう。無意味綴りよりも有意味な単語の方が，そして言葉よりも人の顔の方が，日常性は高いかもしれない。そこで人の顔写真を何十枚かスライドで提示して，のちにその再生テストを行う。しかし考えて

みてほしい。私たちが日頃人の顔を記憶する場面と，スライドで何十もの顔を記憶する場面とがいかにかけ離れているかを。生態学的妥当性というナイサーの真意を理解していない研究は増大していった。この点は大いに批判されるべきだ。

　日常記憶研究と実験室的記憶研究の間には，ナイサーの発言以来，何度か論争が巻き起こっている。そのひとつが，1991年，アメリカ心理学会の機関誌American Psychologist誌上で行われた論争である。欧米を代表するそうそうたる記憶研究者による論争であったが，ここでもナイサーの真意が十分理解されているとはいいがたい。ナイサーが日常現象を手がかりに，生態学的妥当性に注意を促そうとしたことへの無理解（Banaji & Crowder, 1991）がそこにはあった。研究対象を日常から採取し，実験室でその背後にある一般原理を追究しようという，実験室と日常の無批判的折衷を唱える者（Klatzky, 1991）がいた。記憶テストが貯蔵されている痕跡を引き出すという発想（Banaji & Crowder, 1991; Roediger, 1991）も相変わらずはびこっていた。実験室的研究を擁護する立場の研究者のみならず，日常記憶学派寄りの研究者にも不満が感じられた。生態学的妥当性を重視するならば，環境への適応として記憶現象はとらえられるべきではないのか。もしそうであれば，記憶が運用される環境の解剖がまず必要とされるのではないか。人間が暮らす環境は，社会・対人的色彩が強い。実験室も例外ではない。環境の社会性にこそ，注意が向けられるべきであり，同時に，環境への適応「行為」として記憶を考えるべきではないか。つまり探究すべきは，記憶「痕跡」ではなく，過去を語るという行為すなわち「想起」ではないのか。

　ナイサーとの出会いは，私たちをこのような見解へと導いていくのであるが，最初の出会いから数年間はまだ暗中模索の時代だった。1978年，そして1982年（Neisser, 1982）に再録されたナイサーのエポック・メイキングな論文に始まる日常記憶研究の台頭と，それに対する否定的見解が相半ばする状況のなかで，私たちは研究者としての幼少期を過ごしていた。1980年代後半のことである。このころ私たちはまだ互いに知り合っていなかった。第三者を通じた間接的な接触はあったが，直接意思の交換をしていたわけではない。私たちは各自，研究者として自立するための不確かな一歩を踏み出そうとしていた。時代の流れを察知することは重要である。時流にのることが常に善ではなかろう。しかし時流を無反省に否定することも間違っている。時代の流れに対し，どのような態度をとるか。いかに自分を確立するか。それが肝要なのだ。日常記憶研究と実験室的記憶研究，双方の主張が交錯するなかで，私たちはそれぞれ，フラッシュバルブ記憶，未来記憶，共同想起などを研究テーマとして選んだ。人は衝撃的な出来事に遭遇したとき，自分の周囲で生じていた細々としたことを非常によく

覚えている。この現象をフラッシュバルブ記憶といい，その特殊なメカニズムや機能が問題にされている。予定をしかるべきときに思い出し，実行できるかといった，将来にすべき事柄に関する記憶を未来記憶という。不在の人に対する伝言や，買い物を頼まれたときなど，この記憶が利用される。これは，過去を回顧する記憶とは別種の記憶現象として注目されている。同窓会のように，複数の人が一堂に会し，過去を思い出したり，語ったりすることがある。このような活動を共同想起という。いわゆる記憶力が検査される実験室的研究とは異なる記憶運用の姿が明らかにされている。これらはすでに研究の蓄積があるテーマであるが，私たちは地位の安定をめざしたのではない。記憶について，そして何よりも人間の心理について何かを知るための手がかりをつかもうとしただけである。

　ナイサーとの出会いによって，日常記憶に接近する機会を得た私たちは，日常記憶研究の本来の主旨を次のように看て取った。真の日常記憶学派とは，学派のなかで安定した業績を蓄積し続けることを本意とするのではなく，記憶現象の多様性を念頭に置いた，記憶に関する自らの立場を更新し続けようとする運動体であるべきではないのか。もちろんそれは，無軌道に増殖するいわゆる「ポストモダン」なものではない。それは，有限で特定の型をした身体をもち，その制約内で環境と接触する人間が行う生の営みとしての記憶の探究へと向かっていく運動である。そしてナイサーが本来めざそうとしたのは，この方向であろうと，私たちは確信した。この方向を日常記憶学派と呼ぶことは，誤解を生じやすい。単に実験室から日常世界へでることが，運動の本来の主旨ではないからだ。正確には，生態学的記憶（ecological memory）研究と呼ぶべきだろう。私たちは，この時点ではまだ出会っていなかったが，各自そのような共通の思いをいだいていた。私たちのひとまずの成果は，1990年（『アクティブ・マインド』東京大学出版会），1992年（現代のエスプリ298『エコロジカル・マインド』至文堂）に発表された。後者の本には奇しくも，浜田寿美男の寄稿も認められる。これは編集にあたっていた私たちの仲間の1人が，ある刑事事件に関する彼の著書（浜田, 1986）を，生態学的記憶研究の典型と評したことによる。

　私たちはいつしか直接的な交渉をもつようになっていた。1991年頃のことだったと思う。私たちのうちの何人かが関係していた早稲田大学で研究会が開催されるようになり，そこへ集うようになったのである。「認知科学セミナー」と称されていたが，内容は生態学的記憶研究が中心であった。心理学を専攻する者のみならず，社会学，文化人類学を専攻とする若手が，記憶を中核テーマとして議論を交していた。この研究会は後に，「想起研究会」として再編された。「記憶」ではなく「想起」であった。

私たちは，記憶現象を「貯蔵」や「検索」の問題に還元させたくなかった。環境への適応という生態学的記憶研究の1つの指針に忠実に，「語り」やその運用の問題として記憶現象を扱いたかった。その意思によって，過去に言及する行為としての「想起」という言葉が研究会の名称に冠せられた。

（2）エリザベス・ロフタスと出会う

　実験室から日常への脱出を企図したナイサーらの運動によって，実験室と日常の架橋を模索する流れも形成された。実験室で得られた知見を，日常現象の解明，理解に役立てようとする試みである（たとえば，Winograd, 1988）。この種の試みのすべてが成功している訳ではないし，成功しているようにみえて実際には概念的な混乱状況にあるものもある。そのなかで目撃証言研究は，比較的成功をおさめた分野であろう。私たちの目にも，それらは飛び込んできた。
　目撃証言研究の第一人者といえば，ほとんどの者がためらいなく，エリザベス・ロフタス（Loftus, E.）の名をあげるだろう。数多くの実験研究を世に出し，専門家証人としてたびたび証言台に立ち，多くの賞賛，感謝と同時に，利益を異にする者たちからのおそらく同量の非難，中傷を浴びながら，精力的な研究活動と社会実践を展開する研究者である。その苦闘の内実は，彼女とその理解者との共著『目撃証言』（Loftus & Ketcham, 1991）や『抑圧された記憶の神話』（Loftus & Ketcham, 1994）に詳しい。また，彼女の研究成果は『目撃者の証言』という著作にまとめられている（Loftus, 1979）。これらの著作は翻訳され，わが国の研究者にも大きな影響を与えている。
　ロフタスの実験は総じて日常記憶研究の常道を行っている。すなわち，現象を説明する概念，ロジックは従来の記憶研究のまま，学習材料や状況を日常的なものに置き換えた実験を行うことによって，実験室と日常を連結させようとする。記憶は，個人内部に貯蔵されており，いくらかの保持期間をおいて，機に応じ検索される。ただしある種の検索条件下では記憶の変容が生じることがある。またある知覚条件下では，記憶の貯蔵が阻害される。ロフタスの研究の基本的姿勢は明解である。1つの事例をあげ説明してみよう。これは，事後情報の効果として有名な研究（Loftus, Miller, & Burns, 1978）である。30枚のカラースライドによって，交通事故のシーンを実験参加者にみせる。それは，ダットサン製自動車が交差点にさしかかり，歩行者を巻き込む事故を起こすシーンである。この実験の目的は，事故のスライドをみせられた直後

に投げかけられる質問が，再認テストに影響するかどうかを調べることにあった。スライドを一通りみた直後，200人の実験参加者に対しいくつか質問を行った。そのうち100人には，「ダットサンが停止標識で止まっていたとき，別の車が通過しましたか」という質問が投げかけられた。もう一方の100人には，「ダットサンが徐行標識で止まっていたとき，別の車が通過しましたか」という質問がなされた。標識についていえば，前者の群に与えられた質問は，実際みたスライドと矛盾していなかった。しかし後者の群に与えられた質問に含まれている標識は，実際とは異なっていた。このような実験操作を行った20分後，実験参加者は二者択一式の再認テストを受けた。停止標識で止まっているダットサンのスライドと，徐行標識で止まっているダットサンのスライドのどちらが初めに提示されたスライドであるかを判断させたところ，事実と一致する質問を与えられた条件では75%の実験参加者が正しく回答した。一方，事実とは違う質問を与えられた群では，再認率が41%まで低下した。このように事実に反する情報を与えられた場合，事実の正確な再認が障害を受けるのである。加えてロフタスは，事後情報が与えられるタイミングについて実験を行い，出来事の直後より，テストの直前に事後情報が与えられた方が，誤った記憶が報告される確率が高いことを実証していた（Loftus, 1978）。これらの研究から，証言や事情聴取の直前に事実と異なる可能性がある情報が証言者に与えられた場合，その証言者の証言は歪んでいる可能性がある。したがってそこから，証言直前の情報としてあるいは証言時の質問そのものに，証言者を誤りに導くような情報を入れるべきではない，あるいはそのような情報を与えられている証言の信用性は低いという教訓が引き出されることになる。

　ロフタスの研究に対する私たちのスタンスは，気にしつつも横目にみながら，という感じだったと思う。日常記憶研究の一角ではあったが，私たち自身がまだ裁判とかかわりをもっていなかったこと，ロフタスの理論装備が旧態依然であったことなどの理由から，深く関心を寄せてはいなかった。ただ心理学研究が日常の実務に貢献し得る手本として，評価はしていた。だから正面きって批判の対象にしていなかった。しかしのちに裁判実務に携わってみると，ロフタス流研究の限界が認識されるようになってきた。

　彼女らが行ってきた研究の限界は，次の点にある（森, 1995; 高木, 1996）。まず，彼女らの研究は，体験のある者だけを実験参加者にしていることから，体験がない者の作話の実態がわからないという限界をもっている。第2に，「正解」を所有し，実験参加者のパフォーマンスの正否を特権的に判断できる実験者の存在という暗黙の前提が，実際の目撃証言事態では成立しないという限界がある。第3に，「こういう条件下では，

こういうことが起こるとは考えにくい」というような確率的な説明しかできないという限界がある。そして最後に，集団の代表値間の有意性検定によって導かれた結果は，個別の事象に必ずしも妥当しないという限界がある。これらの限界に気づき，ロフタス流の方法の実効性に限界があることを認識した私たちは，彼女たちとは異なる方向で裁判実務に心理学を活かす道を模索することになるが，それもまたしばらく年月がすぎてからの話である。

（3）フレデリック・バートレットと出会う

　生態学的観点から記憶をみていくと，記憶には社会的側面があることに私たちは気づいていった。このことはさきに述べた通りである。そして共同想起に関する本（Middleton & Edwards, 1990a）を想起研究会で輪読した後，その思いはいっそう強くなった。これも1991年のことだったと記憶している。

　この本『集合的想起（Collective remembering）』には，想起の社会性をめぐるさまざまな知見や問題が記載されていた。共通の出来事をめぐる会話のなかに現れる想起の様態（Middleton & Edwards, 1990b）や，過去の出来事を集合的に維持し，現在において再解釈する記念という社会実践に潜むイデオロギーの問題（Billig, 1990），サービス集団において業務上生じた出来事を分有する理由（Orr, 1990）など，実験室では出会えなかった研究に，私たちは大きな示唆を受けた。

　幾人かの研究者（Middleton & Edwards, 1990b; Radley, 1990; Shotter, 1990）は，バートレットをさかんに引用していた。彼らはバートレットを，社会性を強調した想起研究の祖と位置づけていた。バートレットの名は心理学を学んだ者ならだれでも知っていることだろう。実験室的記憶研究の創始者エビングハウスとならんで，記憶研究に大きな影響を与え，またスキーマという概念を提唱した人物でもある。彼の著書『想起の心理学』（Bartlett, 1932）は古典的名著となっている。スキーマという概念は認知心理学のなかでは，知覚や記憶を体制化する心的枠組みとして有名である。聞き慣れない物語が，ありきたりな筋書きの物語として報告されたり，見慣れない対象が，なじみのあるものとして歪んで知覚されたりするのは，スキーマがあるからである（そして，この現象を「慣習化（conventionalization）」という）。

　また，バートレットが認識に対する社会や文化の影響を強調していたことも，私たちは知っていた。社会的認知（social cognition）の研究者たちが，その知識の主たる供給源であった。人間の外側と内側は厳格に別ものとして区別されるが，両者の間に

は因果的な相互作用がある。このような因果作用を通じて，人間の内側に形成されるのがスキーマだと彼らはいうのである。ただし，社会や文化の役割をこのような形で強調する立場は，『集合的想起』の寄稿者たちがいう，想起の，そして広くは認識の，社会性を唱う立場とはまったく異なることに注意を払う必要がある。前者，すなわち社会的認知の立場に立てば，人間の内側にある認知機構は，外側にある社会・文化とはあくまでも独立な存在である。そして社会や文化は「社会的刺激」として，基本的に他の種類の入力刺激と同列に扱われる。この立場において社会心理学は，認知心理学に還元されるのである。

　私たちも最初は，バートレットを認知心理学の重鎮，そして認知心理学と社会心理学の架橋に貢献した1人としてとらえていた。そのように理解していた私たちにとって，想起と認識の社会性という主張は驚きであった。たとえば『集合的想起』の編者でもあるエドワーズとミドルトンの論文（Edwards & Middleton, 1987）によれば，認知心理学や社会心理学におけるスキーマ理解は，バートレットの元々の発想が慣習化された受容なのだという。また人類学者メアリー・ダグラス（Douglas, 1986）によれば，バートレットの元々の発想が忘れ去られたのは，次第に実験室的研究の色が濃くなりつつあったケンブリッジ大学の研究環境による「制度的忘却（institutional forgetting）」の典型的事例なのだという。彼のアイデアが忘れ去られるプロセスが，想起の社会性を反映する事例であるとはなんとも皮肉なことである。彼らによれば，バートレットの主張の力点は，知覚や記憶をある特定の方向に変形する枠組みが内側にあること，すなわち「心のなかにあること」にはない。それは，「社会や文化のあり方を離れて知覚や記憶があり得ないこと」，そして特定の社会的状況にある現在と接触することで発生する活動の所産として，知覚や記憶をとらえるべきだという点にあるのだ。彼が「記憶（memory）」ではなく「想起（remembering）」を主著のタイトルとしたのは，言語や規範や文化などの社会的制約のなかで知覚や記憶が運用される「活動」を描出したかったからであり，記憶痕跡や認知メカニズムの「貯蔵」には関心がなかったからだろう。このような立場の当然の帰結として，社会・文化と認知機構が，独立した存在として相互作用するという見解も，バートレットの主張のなかにはないと考えられる。

　このような立場は，社会構成主義（social constructionism）と呼ばれている。この方向でバートレットの遺産を受け継ぐ研究は，人々の間で過去の出来事が構築されるプロセスや社会的・対人的要請を満たすために過去の出来事がどのように利用されるかといった，想起の社会的機能をテーマとして取り上げるようになる。『集合的想起』

に掲載されている多くの論文は，その典型であろう。その他にも，政治家の発言の真意が，マスコミと政府関係者との間で構築されていく様子を描出したエドワーズとポターの研究（Edwards & Potter, 1992a）や，一般的には存在が否定されている超常現象の体験が，真実として語られる際の語り口を明らかにしたウーフィットの研究（Wooffitt, 1992），政治的不祥事に対する弁明で利用された事実の構築技法について調べたエドワーズとポターの研究（Edwards & Potter, 1992b）などがあげられる。

　バートレットの遺産を受け継ぐ研究者たちとの出会いによってもたらされた，貯蔵から活動への視点の転換は，私たちにとって重要な転機となった。同志社大学での学会発表もこの時期に行われた。しかしまだこの時点では，想起の社会性を強調する立場の落し穴に私たちは気づいていなかった。想起の社会性のみを強調しすぎると，現在の社会的制約のなかで，過去がいかに語られるかということだけに関心が限定されてしまう。このような過去から現在への注目点の移行も，バートレットから相続された遺産の1つの形ではある。ただしそうすることで，過去は「合議によって認定された過去」「現在において構成，解釈された過去」としてしか扱われないことになる。「体験した者にしか語れないことがある」「報告の多様性にも限度がある」といったことは私たちの素朴な感覚ではあるが，無根拠なドクサ（憶見）ではないだろう。きっとそれは何かしら真実にふれている感覚である。体験の一回性，過去の唯一性という真実の一端が，想起の社会性という研究枠組みのなかでは相対化されてしまう危険がある。これに対しては，「社会構成主義はそれほど単純ではない」という反論が，社会構成主義者たちからなされるかもしれない。ただ少なくとも，私たちが出会った社会構成主義的な想起研究が，私たちの深刻な要求にこたえてくれなかったのは事実である。

　想起のコミュニケーション的性格，尋問の対話性といった側面は，自白や証言の信用性鑑定にとって不可欠な視点である。そのような視点をもつためには，想起の社会性という立場を経由してくる必要はあった。この意味で私たちの進んだ方向は間違ってはいなかった。ただ不十分だったのだ。目撃証言や犯行体験の自白を分析するうえで，体験の一回性，過去の唯一性は正面から取り上げねばならない問題である。想起にはやはり，体験の主体である「個人」が，そして唯一の当事者に一回だけ起こった「過去」が必要である。私たちは記憶痕跡という概念に退行することなく，想起の社会性，活動としての想起を前提としたうえで，個人と過去を再び招き入れなければならない。この課題には，裁判のフィールドをいくつか経ることで，私たちはようやくたどり着いた。裁判と関わらず想起研究会を行っていた当時からみれば，それはまだ

まださきのことである。私たちは，この課題の重要性，必然性そして困難さに気づくことなく，平穏な研究生活を過ごしていた。私たちの研究は，これら偶然の出会いのなかで次第にディベロプしていくことになる。

3節　裁判実務に入りこんで

　私たちは，これまで述べてきたような研究の履歴をもって，裁判実務と関係することになった。しかしながら，実務は，研究で培われた理論の適用，研究成果の応用ですませられるような簡単なものではなかった。ここでは私たちの初期の戸惑いと，裁判実務に耐え得る記憶心理学探究の入り口に立つまでの経緯を語ろう。

（1）弁護士と出会う

　晩秋，だったと思う。同志社大学での学会からそれほど経ってはいない。私たちは東京霞ヶ関にある日本弁護士連合会（日弁連）のビルのなかにいた。このころ日弁連はまだ現在の立派なビルへの移転をすませておらず，私たちが足を運んだのは古びた，しかしそれだけに歴史を感じさせる建物であった。私たちは浜田氏の要請を受け，ある事件の再審請求にあたって，弁護士らと会合をもつことになっていた。窓から差し込む日射しは力なく，それは冬の訪れが間近であることを感じさせた。これから何が始まるのだろう。こういうときの時間は進むのがゆっくりだ。最近読んだ本の話，やっと手に入った論文のコピーの受け渡しなどをしながら，私たちは不安な時間をつぶしていた。

　弁護団と浜田氏が入室してきた。弁護士という職種の人々に会うのは，おそらく私たちのほとんどが初めてであった。貫禄というか，威厳というか，ともかく存在感のある人々のように感じられた。不安な気持ちは，相手の存在をより際立たせる。私たちは促されるまま着席し，双方自己紹介となった。私たちは各自，名前や所属，専攻するテーマや関心を手短かに述べた。「君たちは使い物になるのだろうね」。品定めをされているような視線を感じたのは自意識過剰か。

　自己紹介の後，弁護団は再審請求を検討している高輪グリーンマンション・ホステス殺人事件について概略を説明した。銀座のホステスが高輪にある自宅マンションで殺害され，その元愛人であった男性，灰谷巖（仮名）が逮捕された。灰谷氏は取り調

べの段階では犯行を認めていたが，その後否認に転じていた。灰谷氏を犯人と特定する有力な物証があったわけではない。元愛人だということから，被害者宅に容易に侵入できる。明確なアリバイがない。そして取り調べ時の自白。いわゆる情況証拠のみであった。判決は有罪であった。犯行を一貫して否認しながら，灰谷氏は服役中の身であるという。

「とりあえず必要な資料を送ります」と告げられ，私たちは日弁連を後にした。銀座にでて，ビアホールに入ったと思う。いつものように，心理学の現状について話をした。高輪グリーンマンション・ホステス殺人事件について，そしてこれから始まる実務については，話をしたかどうか覚えていない。きっと何を話してよいかもわからなかったのだろう。把握困難な事象は記憶に残りにくいというのは事実のようだ。

ほどなくして，私たちの手元に高輪グリーンマンション・ホステス殺人事件の資料が届けられた。1992年が間もなく終わろうとしていた。

（2）供述調書と出会う

宅配便が荷物を届けに来た。ティッシュ・ボックスを2つあわせたくらいの大きさの箱である。注文していた洋書が届いたのかと最初は思った。箱のなかに紙でできた何かが入っていることは重量でわかった。受け取りに受領印を押し，開封した。差出人は日弁連人権課。これが高輪グリーンマンション・ホステス殺人事件の資料かと，ここで初めて認識した。

箱のなかには二穴パンチで穴をあけられ，黒紐で結わえられた文書が入っていた。厚い。重い。裁判資料と初めて遭遇した率直な印象であった。文書は，灰谷氏の取り調べ時の調書すなわち，警察官や検察官によって行われた取り調べの記録調書，それと弁護人の弁論要旨であった。調書は手書きだった。綴じられた調書は7，8センチの高さになる。弁論要旨はワープロ打ちであったが，それでも2，3センチはあった。量によって主張の重みを出そうとしているのか。その真偽はわからないが，とにかく裁判の資料はかさばるもののようだ。そういえば，弁護士や検察官がよく風呂敷づつみを携帯していることを思い出した。あの中味は裁判資料なのだ。厚くて，重くて，かさばる資料を持ち歩くには，鞄では駄目なのだ。彼らが古式ゆかしい日本の伝統を守り続けているのはなぜかと疑問に感じていたが，自由に大きさと形が変えられる風呂敷が裁判資料の携帯には適している。ただそれだけのことだった。それでは風呂敷のない外国では困るだろうな，などと思ったりもしたが，これは余計な心配だった。

1‵前回にひき続き江梨子のりよに
ついてお話いたします。
  1．江梨子のところに五月一八日午前二時過ぎにたずねて行き
    ましたのは、五月一〇日の夜、朋友クラブで
        江梨子から困りごとの
        相談をもちかけられた
    ことが頭にありましたから、私は
        話を聞いてやらなくてはならない
        又、相談に乗ってやらなくてはならない
    という気持があったから、
    行ったのです。
  ［後略］

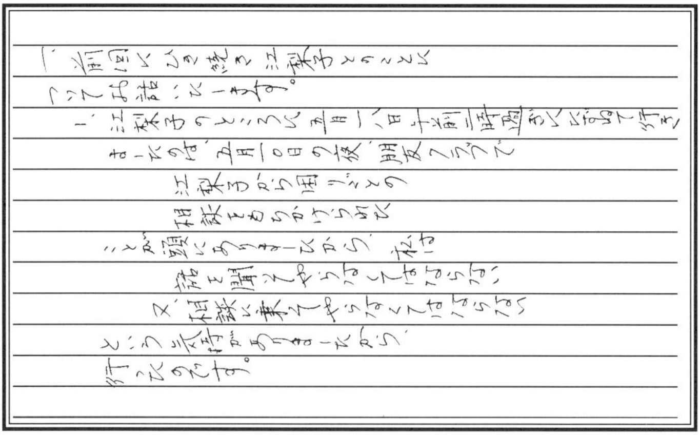

図1−1　手書きされた調書と解読文（実際の調書を参考に作成したもの）

〔前略〕

それでももっともっと、彼女を殴りつけてやろうと夢中になって彼女の仰向けになった上にのしかかるようにして行きました。

私は彼女に対する気持を押さえることができないで、首を絞めれば死ぬことはわかっておりましたが、どうにでもなれと思って、両手を彼女の首にあて、馬乗りになって江梨子とさけびながら力一杯絞めてしまいました。

私は我にかえってみますと暴れたりもがいていた彼女の両手や体がぐったりと力がぬけてしまいました。彼女の顔は赤く充血したような色になっておりました。

私は江梨子、江梨子と頬を手でたたいてみましたかなと思ってたたいてみました。彼女を殺した場所がベッドであったか床であったかは、はっきりしませんが、よく思い出しておきます。

●図1-2　独特の文体（実際の調書を参考に作成したもの）

風呂敷が必要になるような膨大な調書は、2章で説明するように、日本の裁判システム特有の産物なのである。どこの国が最大23日も拘束して、日がな一日取り調べを行うというのだろう。とにかく読まないといけない。依頼を受けたとはいえ、私たちは何をすべきか、何ができるかがわかっていなかった。独特の字体と言い回しで書かれた調書に四苦八苦しながら、私たちはひたすらページを繰った（図1-1，1-2参照）。

　調書を読んでいる間、なんて灰谷氏は饒舌なんだろうという印象を強くもった。「私」を主語とする文章が、何ページにもわたって続いていた。よくここまで1人で話し続けることができるものだと感心した。しかしこの印象は、間もなく誤解であることがわかった。調書には、灰谷氏が話した通りのことがしるされているのではなく、取り調べ時の取調官との対話が灰谷氏の独白として記録されていたのだ。取調官と供述者の対話が、供述者の独白体で記載される。この日本独特の調書記載の方法に、私たちは面喰らった。どこまでが灰谷氏自身の言葉なのか。どこまでが取調官の言葉なのか。また調書は「一，二・・・」などと番号がつけられ、いくつかの段落に分かれていた。事項ごとにまとめられているようだった。さらに改行によって、特定の事項が強調されるような書き方がなされていた。独白体を中軸に、調書にはさまざまな加工が施されていた。取調官の関与が認められるのは確かだが、その程度は不明であっ

た。と同時に，供述者の関与の程度も不明であった。読み方によっては，双方の関与の程度はどのようにもとれる。供述者主導の証言であると主張することも，取調官主導の証言であると主張することも，どちらも可能だ。ということは，調書は，読み手がもつ前提によって，その信用性が大きく左右される資料になりかねないことになる。

　表面上饒舌で詳細な，犯行を認めた灰谷氏の調書を，私たちはどのように吟味したらよいのか。これまで私たちが学究生活で培ってきた知識を総動員してみる。共同想起の産物だとしても，共同性の痕跡が著しく損なわれている調書で何ができるのか。記憶の実験研究を応用するにしても，表向きは詳細な出来事の記述の真偽を，記憶研究の知見を使ってどう判断したらよいのか。私たちは，はやくも自らの限界を感じ始めていた。幸運なことに，私たちには先導者がいた。浜田氏である。彼の方法をまねてみよう。私たちはいくつかの文献でかじった浜田氏の方法を見よう見まねで模倣し，この停滞を打破しようと試みた。

（3）三村事件と出会う

　高輪グリーンマンション・ホステス殺人事件で困惑しているところに，浜田氏の紹介だという弁護士から連絡が入った。ある刑事事件の鑑定書を，心理学者の立場から書いてもらえないかという依頼であった。事件は，配偶者の保険金殺人未遂事件であった。浜田氏が最初依頼されたのだが，関東の事件だということで，関西在住の浜田氏よりは関東在住の私たちの方が適任だろうということになったらしい。

　この事件を，被告人の名前をとって三村事件と呼んでおこう。被告人三村弘一（仮名）は，他のいくつかの刑事事件でも関与が疑われており，この三村事件はこれらが複合した一連の事件群の一構成要素であり，中核的事件であった。これが崩れると事件群全体に対して三村氏が関与する動機が不在となり，三村氏の無罪立証に大きな役割をもつ事件であった。三村氏はこの事件群により，全国的に有名になっていた。流行語も生まれた。報道機関は三村氏を最初は，配偶者を何者かに殺害された哀れな被害者として，のちに配偶者殺害を企て実行した極悪非道な冷血人として報道していた。私たちも三村氏の名，そして事件群の成り行きについては，これらの報道により知識をもっていた。三村氏の印象は決してよくなかったが，先入観は禁物である。なにしろ期日が迫っているという。高輪グリーンマンション・ホステス殺人事件もある。そのうえ，私たちは，どのように鑑定すればよいかについても十分把握していない。このような状況であったが，とにかくやってみようと，私たちは依頼を引き受けた。

正味4か月である。焦点を絞らなければならない。三村氏の供述は饒舌ではあるが，弁護側，検察側も，三村氏自身の証言にはそれほど力点を置いていないらしい。そのかわり，三村氏から配偶者の殺害を依頼されたという共犯の女性がおり，この女性の供述を重んじているという。高輪グリーンマンション・ホステス殺人事件と同様，三村事件も状況証拠のみの立件であった。そのため三村氏の動機の裏づけとなる，この女性の証言に決定的な価値が置かれることになる。私たちもこの女性の証言に集中し，三村氏の関与を吟味することにした。
　女性の供述調書を繰り返し読んでみた。浜田氏の方法をまね，供述の変遷を追ってみた。また腑に落ちない部分を列挙し，どうしてこういう供述が生まれたのか，その原因を探ろうとしたり，本当はどういうことが起こっていたか，推測したりもした。元々の現場で起こっていたこと（オリジナル＝原事象）に遡ろうと推測を重ねるこうした試みには，実は分析方法論として重大な欠陥があり，のちに別の事件の主任弁護士から痛烈に非難されることになる（3章参照）。しかしこの時点では，私たちはともかく思いついたことを実行するしかなかった。各自が調書を読み，全員で意見を出し合い検討する。このサイクルを何度か重ねるうちに，鑑定書の論点がいくつか固まってきた。三村氏の依頼をその女性が受諾した動機や犯行諸行為にみられる供述変遷，実況見分による供述の変化，犯行に用いたという凶器の大きさの変遷，こうした点について検討を加え，私たちはその成果を鑑定書として提出することにした。次に鑑定書の内容を大まかに紹介しよう。
　まず，殺害依頼の受諾動機の変遷，行為の変遷については，浜田氏の「嘘分析」を模倣した。浜田氏の嘘分析は，供述に変遷があり，かつ，前の発言が後の発言を隠蔽していると考えられる場合に適用される。嘘分析は，前の発言が後の発言を隠蔽する嘘といえるのか，嘘であることの理由づけは妥当か，供述の変遷は嘘が徐々に取り除かれ真実があらわになっていく過程かといった点について吟味していく。三村事件では，動機は3度にわたって変転しているが，第2の動機が第3の動機を隠蔽する嘘としては妥当でないことを，私たちはまず指摘した。第2の動機に基づく方が，殺害未遂について，女性が主体的に関与した印象がもたらされるからである。犯行を認めた状況で採用する方略としては，かえって罪が重くなるような動機を嘘として述べ立てることは合理的ではない。したがって，動機の変遷は真実が明らかになっていく過程とは思われないと私たちは結論づけた。行為の変遷については，行為とそれがなされた文脈の不整合に焦点をあてた。行為が訂正されても文脈は以前のまま残り，その文脈から考え合理的でない行為がなされたことになっていた。そしてその不整合は，供

述を重ねるたびに徐々に修正されていた。この事態を私たちは，嘘による隠蔽が剥がされていく過程ではなく，取調官と共同的に矛盾を修正していく過程，いわば物語の構成過程とみなした。

次に，鑑定書は，実況見分による供述の変化が，女性の供述が体験記憶ではなく，事後情報に基づき構成されている点を指摘している。犯行は米国のあるホテルの一室で行われたと女性は供述していたが，実況見分は，米国ロサンジェルスにある当のホテルではなく，同じホテルの日本国内にある建物で行われた。実況見分後になされた供述では，部屋のなかにある調度品の配置が日本のホテルに合うように修正され，語られていた。このことから，女性は犯行体験ではなく，事後的に与えられた実況見分の情報に基づき供述を行っている可能性があると，私たちは指摘した。

最後に，凶器の大きさに関する供述の変遷は，実験により，その妥当性が疑問視されることとなった。凶器はT字形をした金属製ハンマーのようなものだと，女性は一貫して主張していた。しかしその大きさは，最初縦横とも30センチ程度だと述べられていたものが，次第に小さくなり，最終的には縦横とも約15センチであると評定された。最終的な評定が真実であると仮定し，それが30センチと誤って想起される可能性は，学生を実験参加者として実施した実験結果をもとに算出したところ，高々0.01%程度であった。また女性は取り調べの過程で，証言した通りの大きさと素材で作られた凶器のモデルを提示されていた。女性はモデルを手にすると，「これでは太すぎて握れない」「重すぎて振ることは難しい」などと供述し，これを契機に凶器の評定は小さくなっていった。おもしろいことに女性は，金属製モデル作成以前に，厚紙で作られたモデルを用いて犯行を再現している。この厚紙モデルの大きさこそ，彼女が「太すぎて握れない」「重すぎて振れない」と評した金属製モデルの大きさであった。これらのことから，女性は体験に基づき凶器の大きさを供述しているのではなく，モデルによる事後情報に基づき評定を行っているに過ぎないと，私たちは指摘した。

私たちの処女作は，浜田氏の方法に倣う供述分析によるものであった。それに加え，私たちが教育を受けてきた実験心理学の方法も利用していた。できる限りのことをやり，鑑定書を弁護団経由で裁判所に提出した。そして判決が下った。敗訴であった。これが，私たちの裁判デビュー第一戦であった。判決文（判例タイムズNo.859, pp.82-116に掲載）に，私たちの鑑定書に対する所見が書かれている。「多くの点で示唆に富む」と肯定的に評価する一方で，否定的評価が私たちの論点1つひとつに与えられていた。動機変遷に対しては，嘘分析を適用した私たちの解釈とは異なる，合理的な解釈を与えることも可能であると述べられていた。私たちが指摘した，行為とそ

れがなされた文脈の不整合に対しては，分析を吟味するというより，供述の信用性判断の一般基準の問題に論点がすり替えられていた。私たちは，自己に不利な証言をしていることを基準に，証言の妥当性を評価することは危険だと主張し，変遷それ自体をみるべきとの方針をとっていた。しかし判決は，自己の不利益にもかかわらずなされた証言は証拠価値が高いという一般的基準を私たちが放棄したことに難色を示し，分析それ自体ではなく私たちが立てた分析方針を批判することで，私たちが提起した論点を回避しているようにみえた。凶器の大きさに関しては，曖昧な記憶が喚起されてくる過程としてこのような変遷は理解可能であるとの見解が示された。また実験が，あくまで模擬的であることが指摘された。殺人を企図した犯人と大学生実験参加者の心理状態には格段の差があり，冷静な心理状態で複製凶器を握った学生の判断に大きな変遷が生じないことをもって，女性の供述の信用性は推し量れないとの見解が示された。

　私たちの鑑定書は，浜田氏の方法や実験心理学の正統な論理に基づいた方法を用いたものであったはずなのに，どうして評価されなかったのか。どうして私たちの声は裁判官に届かなかったのか。今考えてみれば，私たちは解釈という土俵で，裁判官と対峙してしまっていたのである。合理性や評価基準，実験から導かれた法則という枠を供述にかぶせ信用性を議論すれば，その枠を採用すること自体の妥当性や，合理性，評価基準，実験状況・結果などの解釈の問題にいたるのは当然である。私たちと異なる解釈が成り立ってしまった場合，私たちの解釈を受け入れる積極的な理由は裁判官にはない。

　当時の私たちは，このようなからくりにまったく気づいていなかった。ただ自分たちが妥当だと思った見解を，一刀両断に否定された衝撃による虚脱感にさいなまれていた。

（4）浜田流供述分析を勉強する

　三村事件に着手するためいったん棚上げにしていた，高輪グリーンマンション・ホステス殺人事件が私たちの手元にはあった。いつまでも敗訴の衝撃を引きずっているわけにはいかないが，私たちの声が届かなかった原因は見つけ出し改善しておくべきである。私たちはまだ，供述分析の手法に関しては素人であった。浜田氏の方法を模倣したとはいえ，彼が編み出した供述分析の手法を本格的に体得していたわけではない。私たちは，浜田氏による鑑定書を入手した。袴田事件の鑑定書である。この事件は，1966年に起きた静岡の一家殺害事件で，1981年以来再審請求中の事件である。浜

田氏はこの事件の再審請求において，被告人の自白を分析し，鑑定書を作成している。この鑑定書から，浜田氏の方法の技術的な面，理論的な面を摂取しようとした（現在公刊されている書物のなかで，浜田氏自身が供述分析を解説しているものとしては，浜田，2001a, bがある）。

浜田氏の供述分析は大きく4つに分類できる。嘘分析，誘導分析，無知の暴露分析，そして逆行的構成分析である。これらは基本的に，供述を時系列的に並べたときに析出される変遷の出所を探る方法である。各々の分析の特徴を説明しよう。

まず，嘘分析である。最終的に到達した自白を真実であると仮定する。そして，この最終自白とそれまでに供述された自白を対照する。前の供述と後の供述との間に食い違いのある箇所のうち，知覚，記憶，表現上の錯誤とみなせないものを，後の供述を隠蔽するための「嘘」と考える。そのような「嘘」が真犯人の嘘として了解可能であるかを吟味する。了解できないものが多ければ，供述者を真犯人とみなすことを放棄する。これが嘘分析である。この分析の鍵は，嘘の「了解可能性」にある。そしてそれは，三村事件で行われたように，嘘としての合理性に根拠を置いている。「嘘をつく理由のないところで供述の変遷が発生している」「文脈との不整合がみられ，つくべくしてついた嘘とは思われない」など，合理性の認められない「嘘」は，真犯人が事実を隠蔽するためについた嘘ではなく，別の源泉に依拠すると判断される。

次に，誘導分析である。これは，供述の源泉を特定し，それを取調官から提示された情報あるいは真犯人でなくても入手可能な二次情報に帰属させようとする分析手法である。取調官は，捜査情報として，事件に関する物証や証言をいくらか握っている。そしてしばしば，そうした情報に基づき事件に関するストーリーが構成され，そのストーリーによって取り調べが水路づけられる。また，迷走する供述が，特段の理由（保身のための嘘，記憶違いなど）もなく，捜査情報と漸進的に合致していく。目撃証人の取り調べが，犯行内容の自白に必ず先行する。物証に関する供述が，そのつど文脈を変えて出現する。自白内容が捜査情報と二次情報からすべて構成できる（いわゆる「秘密の暴露」がない）。これらの兆候が現れているとき，供述者以外の者の関与により供述が誘導されている疑いが生じる。誘導分析は，いわば誘導の状況証拠を根拠にしているに過ぎない。しかし供述調書の文面が取調官の関与を不透明にしている関係上（この問題については2章で詳しく言及する），このようにして証拠をあげることも止むを得ないと思われる。

第3の分析手法は，無知の暴露分析である。捜査情報と二次情報以外の，真犯人のみしか知り得ない情報が供述者によって供述され，それが確証されることを「秘密の

暴露」という。たとえば,「被疑者の自白通りに捜査したら凶器が発見された」といった類のものである。これと対比する形で,真犯人なら確実に知っているはずの情報が,まったく供述されない,あるいは間違った形で供述され,そこに嘘や記憶違いなどの理由がない場合を,浜田氏は「無知の暴露」と呼んだ。これを供述のなかに同定する方法が,無知の暴露分析である。奪った現金袋のなかに,さらに小分けされた複数の現金袋が入っていたにもかかわらず「奪った現金袋をあけてみたら,札束があったので取って逃げた」,あるいは横に引いて開ける扉を「押して開けて入った」と一貫して供述している場合,そこには供述者の無知の暴露が現れているとみなされる。

最後は,逆行的構成分析である。時間は一方向にしか流れない。体験も時間軸に沿って進む以上,過去の体験が未来に影響することはあっても,その逆はあり得ない。しかし,未来の結果を予見しているかのような供述が現れることがある。たとえば,2人の人物が近接して立っているとしよう。ただそれだけのごく普通の日常風景である。実はこの2人には,のちに口論となり,一方が他方を凶器で殴打するという結末が待っている。今,2人が近接して立っていた場面のみを目撃した証人がいるとしよう。証人は2人の結末を,事後的な情報としては知っているが,殴打場面を直接目撃したわけではない。このとき,この証人から次のような目撃談が得られたとしよう。「2人の人物が居合わせている状況に恐怖を感じ,物陰から息を潜めて2人の行動をみていた」と。証人が目撃した場面は,ごく普通の日常場面だったにもかかわらず,証人はそれを,恐怖心を喚起する場面と認識している。これは事後的に与えられた情報が,それより過去の場面に関する供述に混入しているケースと考えられる。現実には起こり得ない,未来による過去への影響を示している。これを浜田氏は逆行的構成と呼んだ。逆行的構成が生起している供述は,実体験ではなく事後的な情報によって構成された「物語」に依拠してなされていることが疑われる。これが逆行的構成分析である。

浜田氏の分析方法を総覧してみて,私たちには奇妙な分裂感覚が残った。浜田氏の示す4つの方法の背後にある思想に,共感できる部分と合点がいかない部分があったのである。浜田氏は供述の信用性を評価するとき,「合理性」という基準を用いているようにみえた。そこには,「通常の人間の心理として納得できない」「知覚や記憶の法則からしてあり得ない」などの文言がしばしば現れる。浜田氏は,彼の描く「合理的人間像」を想定し,そこからの逸脱の多寡により供述の信用性を判断しているようにみえた。人間はことごとく合理的な存在であり,合理性に従った行動を起こす。そうでなければ,でたらめに思考し,無秩序な行動を起こす。私たちにはこの合理的人

1章　記憶心理学者,裁判と出会う

間という前提が常に妥当だとは思われなかった。人間は刻々と変化する状況のなかを生きている。変化には予期できないものもあり，そのつど出会った状況に即応して行為せざるを得ない。一時的，局所的には合理的であっても，最終的な結果から振り返ってみると，その行為が合理的とは評価されないことがある。逆に，一時的にはでたらめにみえた行為が，最終的な結果からみれば理にかなっていたということもある。合理性は，最終的結果を整合的に説明するために導入される一種の「物語」である，というのが私たちの考えであった。この視点からみると，浜田氏のいくつかの分析方法が依拠している人間観は，とても予定調和的な行為モデルなのである。

　私たちが混乱したのは，その一方で，浜田氏の時間論が，私たちの見解とぴったり一致したからである。時間は一方向にしか流れない。状況は，次の瞬間，どう展開するかわからない。人間はそのような不確かな時間のなかに生きている。逆行的構成分析に典型的な形で反映されている，発達的時間論とでも呼び得るこの時間論は，浜田氏の口から直接聞くこともできた。行為の合理モデルと発達的時間論の思想的不一致を感じた私たちは，浜田氏上京の折，率直な感想を彼にぶつけてみた。そのとき彼の口からは，発達的時間論が熱く語られたのだった。私たちはこのとき，行為の合理モデルの根底にも発達的時間論があるに違いないと，希望的観測をもったのだと思う。一抹の不安を抱えながら，私たちは浜田流の分析方法を使い続けることになる。

（5）再び高輪グリーンマンション・ホステス殺人事件

　三村事件の着手によって先延ばしにされていた高輪グリーンマンション・ホステス殺人事件を，私たちは再び分析しようと試みた。浜田流の供述分析の基本姿勢に忠実に，調書の変遷を追っていった。灰谷氏の供述は細部においても，また大局的な犯行の構図においても変遷を繰り返していた。私たちは調書を読み合わせ，討論を進めていった。どうしてこういう変遷が生じるのか。真犯人なら，この状況で，こういう供述変遷はあり得るのか。浜田氏の方法を採用する限り，どうしても行為の合理モデルによって供述をみてしまうことになった。そこでは，合理性と妥当性が評価の基準であった。

　私たちはまた，物証にこだわった。捜査情報としてさまざまな物証，客観的事実が記録されている。被害者の遺体状況，胃の内容物，被害者宅の調度品の乱れ，生活の痕跡，これらの「目にみえる」手がかりから，「目にみえない」事実を推測するという作業が続けられた。果ては，関係者の証言，新聞・雑誌などの記事まで参照し，高

輪グリーンマンション・ホステス殺人事件におけるオリジナルが何なのかを，私たちはなんとかして語ろうとしていた。

　高輪グリーンマンション・ホステス殺人事件の委員会に所属する弁護士らが，静岡県湯河原で合宿形式の検討会を開くことになった。その席で，私たちも発表してほしいと，弁護士から依頼があった。私たちは，かねてから計画していた想起についての本の企画会議をその前の晩にすることにし，一日早く熱海の宿へと向かった。本の話が終わって，恒例の酒盛りとなった。私たちはのんきに盛り上がっていた。

　翌日，熱海から湯河原の検討会会場へと向かい，事前に決めた担当者がそれぞれの論点に基づき高輪グリーンマンション・ホステス殺人事件の供述鑑定について話をした。今から考えると，とても鑑定と呼ぶに値しない事柄を問題点としてあげていたような気がする。変遷はとにかくさらった。被害者宅から灰谷氏の自宅までかかったタクシー料金の変遷をはじめ，それらは，どうでもいい細部の出来事や確かめようのない推測の連続だった。勘どころがまったくつかめていない報告だった。またここでも私たちは，オリジナルが何だったかを推測し，「灰谷氏は犯人ではないのではないか」といった発言を繰り返していたような気がする。本人の自白のみならず，物証，証言，報道などを総動員し，高輪グリーンマンション・ホステス殺人事件の「真相」を私たちは構築しようとしていた。

　当日の報告は，弁護士らにどう写ったのだろうか。あまりよい評価は得られなかったように記憶している。弁護士が心理学者にいだく幻想は，一般人がいだく幻想とあまり変わらない。心理学には，何か真実を一目瞭然な形で明らかにしてくれる「秘技」があるのではないかという幻想を彼らはいだいていたのかもしれない。しかしながら，私たちの報告が期待はずれであったのは，この幻想に私たちがこたえられなかったからだけではない。私たちの報告は，心理学者のものではなかった。心理学が供述鑑定にどのように応用，貢献できるかということ自体がよくわからない時点での報告であることを割り引くにしても，私たちは心理学者としての仕事「以外」のことをしてしまっていた。私たちは，弁護士や検察官や警察官のまねごとをしてしまっていた。事件の全体像や真相を，利用可能な資料から推測することは，法曹関係者の領分である。どこに自分たちのまねごとを素人に依頼する弁護士がいるだろう。しかしその時点で，自分たちの犯している失敗に，私たちはおそらく気づいていなかった。この会議後も，同じような作業を続け，私たちは，相変わらず混乱状況に陥っていた。

1章　記憶心理学者，裁判と出会う

（6）足利事件と出会う

　高輪グリーンマンション・ホステス殺人事件の作業は停滞していた。私たちの努力は空回りを続け，作業の結果がどこへ，どのように収束していくのかまったくつかめない状況が続いていた。その一方で，実績はともかく，私たちが供述の信用性鑑定を行おうとしているという情報だけは，確実に流通し始めていた。また新たな依頼がやってきた。

　足利事件（この事件は3章において詳しく検討する）――栃木県足利市で起きた，幼女わいせつ目的誘拐・殺人・死体遺棄事件である。この被告人須賀年男（仮名）の自白鑑定を行ってほしいという。弁護団の代表として，東京第二弁護士会の佐藤博史弁護士が，私たちの研究会を訪れた。佐藤氏は足利事件について説明を行い，私たちに依頼内容を示した。三村事件で敗北し，その敗因もつかめていない状況，そして鑑定書の書き方も模索している状況であった。何よりもまだ高輪グリーンマンション・ホステス殺人事件が残っている。当然のことながら，私たちは躊躇した。私たちの顔色をみてとったのか，佐藤氏は私たちの説得にかかった。「三村事件や高輪グリーンマンション・ホステス殺人事件に比べれば，足利事件は初級の事件ですよ」。この事件はわかりやすい事件であり，分析にも苦労はないだろうという意味合いのことを，佐藤氏は繰り返し私たちに強調した。佐藤氏の熱弁と能弁にのせられたのか，押し切られたのか。ともかく私たちは足利事件を引き受けることにした。時を合わせるかのように，高輪グリーンマンション・ホステス殺人事件について委員会として再審請求の支援をしないという決定がなされた。再審請求のための新たな証拠の発見が難しいというのがその理由であった。このことにより，私たちはいやおうなく足利事件に深く関わらざるを得なくなった。

　この足利事件を境に，私たちの考え方，供述分析の方法は大きく変化していく。変化の内容は，大まかにいうならば，現実と理論あるいはモデルの関係をどのようなものとしてとらえるかに関わることである。刑事事件という現実に深く入り込む実践により，私たちに変化がもたらされたことは確かである。しかし現実は底無しの泥沼のように抜け出ることが容易でなかった。ただ，私たちは幸運にも，導きの糸を得た。この時期私たちにもたらされたある重要な出会い，正確にいえば，ある人物との再会が私たちの導きの糸となった。その人物こそ，フレデリック・バートレットだったのである。

（7）フレデリック・バートレットと再会する

　バートレットとの出会いを振り返ってみよう。研究者としての幼少期，私たちはまず，認知心理学者のバートレットと出会った。彼は，知覚や記憶を体制化する心的枠組みとしてのスキーマを提唱した研究者であった。ただし，これは心理学，とくに認知心理学の一般的な教科書に載っているバートレットの姿である。バートレットに視線を向けたまま視角を少し変えてみる。すると，バートレットの姿は多少違ってみえてくる。彼の主著（Bartlett, 1932）のタイトルは『想起の心理学（Remembering）』であるが，副題には『実験および社会心理学における一研究（A study in experimental and social psychology）』とある。そこには，人間の認識と，社会・文化の密接な関係，および両者の相互作用を主張した，バートレットの姿がみえてくる。ここで私たちは社会心理学者としてのバートレットと出会うことになった。認知社会心理学と呼ばれる分野では，バートレットの姿はこのように描かれることが多い。しかしこの姿は霞んでいて，実像にはいくらか遠いような感じがする。私たちはさらに近づいてみた。すると彼の姿はまた違ってみえてきた。社会や文化が認識と密接に関係していることは確かなのだが，両者は別個のシステムとしてとらえることはできない。また，両者の間に因果的な作用関係はない。彼は，社会や文化のあり方と離れたものとしての認識はそもそもあり得ないという。ここで私たちは，社会構成主義者バートレットと出会うことになった。『集合的想起』の寄稿者たちに代表される研究者が引き合わせてくれた，このバートレットは非常に魅力的であった。そして，想起のコミュニケーション的性格，尋問の対話性といった視点は，自白や証言の信用性鑑定を行ううえで，私たちにとって第一の導きの糸となった。

　しかし裁判では，供述の背後にある個人的な体験の有無を問わねばならない。私たちは，たんなる社会構成主義者で満足するわけにはいかなかった。社会構成主義者として描かれたバートレットは魅力的ではあったが，実像と呼ぶにはどこか違和感があった。この違和感がなければ，私たちはバートレットにここまでこだわらなかっただろう。私たちを捕えて放さなかったもの，それは彼のスキーマ論であった。私たちが理論的支柱とすべきアイデアが，彼のスキーマに関する論考のなかにみえ隠れしていたからである。

　スキーマには，体験を集積し，現在とふれあいながら，両者のダイナミズムにより絶えずディベロプしていくという性質があると，バートレットは述べている。この考えを忠実に発展させてみる。当然のことながら，人が違えば体験は異なる。個人特有

の体験が集積されることによって，現在の認識の枠組みは，個々人で異なったものが個別的に形成されるだろう。個人はそれぞれ多様な認識をもちながら現在をとらえ，それを集積された過去と接触させる。そうした現在と過去の接触により，集積としての過去と現在の認識枠組みも変化を被る。この循環がいつまでも続いていく。このような再帰的，自己組織的な運動によってディベロップするスキーマは，まさに個別的なものである。誰一人として同一のスキーマをもつ者はいない。体験の主体である「個人」，そして唯一の当事者に1回だけ起こった「過去」が，このスキーマ論のなかでは保証されている。私たちはそう感じとった。

　バートレットのスキーマ論の射程は，想起だけにとどまらないように思われた。心理学には，静的（static）で，固定的な心的構成体によって行動を説明しようとする傾向がある。記憶痕跡をはじめ，人格特性，能力，知能などがそうである。バートレットのスキーマ論には，そのような概念に依拠する心理学全般に対するアンチテーゼが含まれているように思われた。何も私たちは闇雲に反体制の旗を掲げたわけではない。現実の事件との格闘をとおして，静的・固定的な概念によって人間を論じることの無力さ，そして時には有害さを幾度も痛感したからである。

　足利事件以降，私たちは他の研究者が描いたバートレット像をみるのではなく，自らバートレットの姿を描くことになる。それが適切な描写であるかどうかは，供述分析作業をとおし確認されていくことになる。もっとも私たちの目的は，バートレットの主張の真意を突き止めることではない。私たちはバートレット訓詁学をしたいのではない。バートレットという巨人の肩の上に乗り，供述分析を十全に進めるうえでの，ひいては具体的人間という存在を適切に把握するための概念を確立する作業こそが，私たちの課題である。

　足利事件以降の私たちの転身，そして概念化への道のりの詳細は，第Ⅱ部から始まる。しかしその前に，第Ⅱ部における事例の読みと理解を助けるために，少しばかり日本の裁判システムについてみておこうと思う。私たちも最初のころは法律関係の用語や裁判の進め方についてほとんど無知であった。その経験から考えても，最小限の説明は必要だろう（なお，こうしたことについてすでに知識をもっている方は，2章を飛ばして第Ⅱ部に進まれてもかまわない）。

2章 日本の裁判システムについて

　これまで述べてきたように，私たちは心理学者として，裁判のフィールドに関与することになった。私たちは意図して裁判実務に参加するようになったわけではない。いくつかの偶然的要素が重なり，いつの間にか自白や目撃証言の信用性鑑定という仕事を引き受けることになっていた。当然のことながら，裁判システムについてはほとんどといっていいほど無知だった。鑑定実務にまみれながら，次第に私たちはわが国の裁判システムに明るくなっていったが，この本を読まれる読者のみなさんは，私たちが経験した困惑を共有する必要はないだろう。そこで，本章では日本の裁判システムの概略を示し，本書における事例の理解を助けたいと思う［裁判システムの概要については，とくに出典が明らかでない場合は，『実用版法律用語の基礎知識最新版』（自由国民社, 1995）に依った］。なお私たちが関与した事件の性格上，以下に述べる説明は，刑事事件に限定した説明であることに注意されたい。また本章における記述は，事例の理解を助けるためのあくまでもガイドであり，法律的な厳密さをいくらか犠牲にしていることをあらかじめ断わっておきたい。

1節　逮捕から裁判まで

　あなたがなんらかの容疑をかけられ，警察に逮捕されたとする。この時点であなたは，「被疑者」と呼ばれることになる。「容疑者」とも呼ばれるが，これはマスコミ等が使う俗称である。逮捕されると，あなたはまず警察に身柄を拘束され，取り調べを受けなければならない。これを「留置」という。その後，裁判官によって身柄を拘束されることを「勾留」という。これは俗称「拘置」とも呼ばれる。

　それでは，身柄拘束される期間はどのくらいなのか。逮捕による留置期間がまず72時間認められている。続いて10日間の勾留期間が認められている。これは第1回の勾留期間で，さらに10日間の期間延長が認められている。留置期間と勾留期間をあわせ，逮捕された時点から，あなたは最短72時間，最長23日間拘束される可能性がある。この期間内にあなたは警察官による取り調べを受け，それがある程度すむと，検察官に

よる取り調べを受けることになる。必要と判断されれば，警察官と検察官によるこの取り調べのサイクルが反復されることになる。

　法律で定められた最大23日間の身柄拘束期間内に，取り調べの結果および警察が収集した物的証拠，証言証拠に基づき，検察官があなたを罪に問えるかどうかを検討する。罪に問えると判断されると，あなたは裁判にかけられることになる。これを「起訴」という。一方，取り調べの結果とその他の証拠を吟味して，あなたが罪に問えないと判断されると「不起訴」ということになり，あなたは放免される。

　裁判にかけられることになった時点で，あなたの呼称は「被疑者」から「被告人」に変わる。あなたは被告人になった時点から，起訴後の勾留を受けることになる。期間は起訴から2か月であるが，必要があればさらに1か月ごとの延長が認められるため，結局裁判が終了するまで勾留されることになる。ただしこの期間内には，制度上，保釈が認められている。

　法律用語上は，裁判とは裁判官による命令，裁判所による決定，判決などのことをいい，一般に裁判と呼ばれるものは，「公判」のことをさす。公判の審理は，被告人であるあなた，あるいは事実認定の証拠になる証人による証言が口頭によってなされる。被告人以外の証人としては，犯行を目撃した目撃証人や，あなたの日常を知る同僚や家族，物証や被害者の肉体的損傷あるいはあなたの精神状態を鑑定する鑑定人などが含まれる。供述の信用性の鑑定を行う私たちも，証人として証言を求められることがある。なお被告人以外の証人についても，公判以前に，警察官や検察官による取り調べを受けることがある。

　公判では，被告人もそれ以外の証人による証言も，すべて交互尋問という方式に則って行われる。まず証人の尋問を請求した側が，その立証しようとする事柄について尋問する，「主尋問」が行われる。被告人であるあなたが証言するとき，主尋問を行うのはあなたを起訴した検察官である。被告人以外の証人の場合，証人を請求した側が主尋問を行う。検察官があなたの罪状を立証するために申請した証人であれば，検察官が主尋問を行う。逆に，あなたの罪状を否定する証言をする証人，あるいは罪状を軽くすべき事情を証言する証人を，あなたの弁護側が申請していたとすれば，弁護人（公判では弁護士のことをこう呼ぶ）が主尋問を行う。主尋問の後，相手側が主尋問での証言について証言の矛盾をつくなどの尋問を行う。これを「反対尋問」といい，そこでは，証言の信用性が争われることになる。さらに，証人を請求した側が，証言の信用性を補充する尋問を行うことがある。これは「再主尋問」と呼ばれる。

　被告人および証人に対する尋問を含む証拠調べ手続きが終了すると，検察官，弁護

人の順に事件に関する意見を述べる。検察官の意見を「論告」といい，このときあわせて「求刑」がなされる。弁護人の意見は「弁論」と呼ばれる。この段階を「最終弁論手続き」という。最終弁論手続き後，ある程度の期間をおいて，裁判所は，公判でなされた証言，論告，弁論等を参考に，自らの心証に基づき，判決主文および判決理由を公判廷で明らかにする。これが一般にいう「判決」である。

　判決をもって裁判は終了するが，判決に不服がある場合，上級の裁判所に再吟味を請求することができる。地方裁判所あるいは簡易裁判所，家庭裁判所による第一審判決に対して不服があり，高等裁判所に再吟味を請求することを「控訴」といい，そのような請求によって開かれる裁判を「控訴審」という。さらに，高等裁判所の第二審判決に対して不服があり，最高裁判所に再吟味を請求することを「上告」という。控訴，上告は，検察官，弁護人どちらからもなされる可能性がある。控訴，上告の結果，上級の裁判所がもとの判決を正しくないものとして破棄することがある。そのとき，対象となる事件について改めて判断をする必要があるが，この判断（つまり裁判）を上級の裁判所が行う場合と，下級の裁判所に対し裁判やり直しの指示がなされる場合とがある。後者の場合を「破棄差戻し」といい，差し戻されて行う裁判を俗に「差戻し審」という。上級の裁判所が下級の裁判所の判断を正しいと認定し，支持することもある。この場合を「控訴（上告）棄却」という。

　決められた期間内に控訴，もしくは，上告が行われなかった時点で，あるいは最高裁で判決が下った時点で，判決は確定する。しかし判決が確定した場合でも，確定判決について重大な誤りがあることを理由として，裁判のやり直しを請求することもできる。これを「再審」という。

2節　身柄拘束期間について

　検察官が起訴か不起訴かを決定するまでに，最大23日間の身柄拘束が認められていることはすでにしるしておいた。この身柄拘束期間は，主として被疑者の取り調べを行うために用いられる。期間中，被疑者はどのような扱いを受けるのだろうか。逮捕から72時間以内は，警察署に付属する留置場に，勾留中は拘置監（拘置所）に収容されることが建て前となっている。拘置所は法務省の管轄であるから，ここに収容されれば取り調べの主体（警察庁）と拘禁の主体（法務省）が異なることになる。しかし実情は，起訴前のほとんどの被疑者が留置所に身柄を置かれ，警察による規制を受け

ている。取り調べの都合上，このような代替措置がとられることが通例になっているが，この代用監獄制度が，被疑者の取り調べ時の精神状態に与える影響は少なくない。

　最大23日もの間，警察の管理のもとで繰り返し取り調べを受け続けるのである。被疑者はこの期間中，弁護人を選任する権利を有しているが，費用等の問題で実現しないことがある。また弁護人を選任することができても，弁護人は，取り調べに立ち合うことを許されていない。さらに，捜査の必要という名目（取り調べを含む）があれば，弁護人との接見は大きく制約されることもある。加えて，食事，睡眠，排泄といった基本的な生の営みに，しばしば介入がなされる。事実上被疑者は，外部からのチェックをほとんど受けない過酷な状況のなかで，長期間にわたって拘束されることになる。自白は任意に行われることが原則であるが，このような長期拘束状況下でなされる自白が，はたして被疑者の任意性を保証しているといえるのか。信用性が疑われる供述が生まれる原因の一端が，ここに存在するように思われる。

3節　調書について

　警察官（正しくは司法警察員），検察官による取り調べの記録は，調書に記載される。司法警察員によって行われた取り調べの記録は，「司法警察員面前調書」略して「員面」と呼ばれる。検察官によって行われた取り調べの記録は，「検察官面前調書」略して「検面」と呼ばれる。取り調べ調書とは，員面，検面の総称である。調書は取り調べの記録であるが，それはいくつか特徴的な性格をもった記録である。

　調書には，取り調べの様子が逐語的に記載されているわけではない。取り調べは，取調官と被疑者の対話によって進行しているはずだが，そのような対話が逐語的に記載されることはまずない。記載されるのは，取り調べのなかで明らかになったとされる事項を，取調官が要約したものである。何が明らかになったのか，被疑者が何をいおうとしたのかなどの特定や記載に際しては，取調官の解釈が大きく影響する余地が多分にある。取調官の解釈と要約を経ているにもかかわらず，記載事項は被疑者が単独で発言したかのような独白体で書かれている。取り調べにおける取調官の関与の程度，ある発言にいたるまでの紆余曲折，語調や微妙なニュアンスはまず調書上に現れることはない。ある事柄を被疑者自らが語ったのか，取調官の質問を肯定あるいは否定する形で回答したものであるかも，明示されないことが多い。

　したがって，調書は取り調べの記録であるはずなのに，取り調べ状況の透明性は保

証されていない。調書にしるされたものは，取調官の関与がある程度，時には多大にあるにもかかわらず，独白体でしるされることにより，記載事項の責は被疑者が負うことになってしまう。信用性が疑われる調書が作成されてしまう素地がここにある。事実，取調官の法律的知識が，供述者の真意とかけ離れた記述を生む危険性も指摘されている（守屋，1988）。検察官による取り調べ，および調書にも同様の問題がある。さらに検面については，員面との独立性の問題が指摘されている。員面とは独立に取り調べを行うことが本来の方法であるにもかかわらず，しばしば員面内容の追認や確認に終始するという（井戸田，1962; 森井，1991）。

調書にはもう1つ，公判での主尋問，反対尋問が記載された公判調書がある。員面，検面とは違って，多くの場合，これについては尋問者と証言者の発言が逐語的に記載されている。書面に転記される制約上，音声情報（声の強弱，イントネーション，音の高さ，間など）の多くは欠落するが，尋問の透明性は員面・検面に比べ大きく保証されている。裁判官が判断を下す証拠資料となるのは，基本的に公判調書なのであるが，公判調書の証言内容を補完する必要性がある場合は，員面・検面も例外的に証拠として採用されることがある。したがって私たちが証言の信用性を評価する場合は，公判での証言だけでなく，員面・検面の検討もあわせて行わなければならない。その際，さきに述べた取り調べ状況および供述生成過程の不透明性が大きな障害となる。

かつて自白は「証拠の王」といわれた。自白偏重の捜査を回避するため，刑事訴訟法によって，自白の任意性と補強法則という制約が加えられている。しかし取り調べ状況の透明性が保障されていなければ，任意でなされた自白であるかどうか，その判断は難しい。調書の末尾になされる被疑者による署名と捺印を，任意性の徴表とみなすことも難しい。署名や捺印がなされているからといって，署名・捺印すること自体の任意性が心理学的にみて保障されているわけではないからである。自白を裏づける自白以外の証拠を補強証拠といい，これがなければ有罪の認定をすることができないというのが補強法則である。しかし実際は，脆弱な証拠に依拠した，不確かな供述も存在する。事実，私たちが出会った供述のいくつかがそうであった。

調書作成上の問題は，被疑者の自白だけでなく，その他証人の証言調書にも同様に内在していることを確認しておきたい。どのような経緯で証言が語られたのか，どのように語られたのか，そのほとんどを私たちは知ることができないのである。

第Ⅱ部

供述心理学のフィールド

　第Ⅱ部では，各章の前半においてフィールドの問題に対する実践としての事例研究について検討し，後半ではそれを受ける形で，実践から生じてきた理論上の問題について考察する。通常の本では，基礎的な理論を紹介した後で，その理論に基づき展開される実践事例を紹介していく。しかし本書では，あえてその逆のスタイルをとろうと思う。

　読者のみなさんのなかには，学術書を読んだ際に，そこで展開される理論や体系の美しさに反比例するかのように，それに基づく事例や実践内容の貧弱さや説得力のなさに拍子抜けしてしまった体験を味わった方がおられるだろう。理論と実践の間にこうした隔たりが生じるのには理由がある。理論は，洗練される過程で次第に現実の問題から離れていく性向がある。現実は往々にして複雑であり，多様な要因が絡んでいる。また，研究には問題と目的が存在するが，実践的な問題に取り組むには，直面する問題を解決するという目的をたてる必要がある。しかしながら，理論を実践に活かそうとする場合，自ら考えていた，もしくは，他の研究者から借用した理論を，少々無理をしてでも実際の問題に適用し，その理論を検証することに研究の目的が向けられてしまうことがある。そうした場合，まさに現実に直面している実践的な問題が抱えている本質的な課題解決から解離してしまうおそれがある。

　本書では，フィールドにおいて何が問題なのかという問いから，出発してみることにしよう。この進め方は，私たち自身が体験してきた道のりでもある。ただし，この方略をとると，理論を抜きにして一度あるいは何度もどっぷりと事例や事件に入り込んでしまうことが必要となる。また，これもしばしばあることだが，鑑定の対象となる事例や事件はやたらに興味深い。こうした事例や事件への没入は，学問的な関心を凌駕してしまうことがある。

　私たちの研究は，事例や事件という泥沼に一度どっぷり浸り，試行錯誤を重ねながら，問う者と問われる者とのあいだで紡ぎ出された供述というロープを泥水のなかから見つけ出し，そのロープをたぐり寄せながら泥沼から抜け出し，今度はこれまで浸っていた水のなかをじっくりと慎重にながめる過程のなかから生み出されたものである。それでは，これから私たちが実際に鑑定してきた4つの事件に関する供述の信用性問題について検討していこう。

3章　足利事件 −「その人らしさ」を規定するもの−

　供述を分析するとき，私たちに与えられるものは，被疑者の「言葉」である。被疑者が過去を語るとき，その語られる過去それ自体，すなわち，オリジナルは今はもうない。それは，過去のものである。したがって，私たちは被疑者が語る「言葉」を分析するしかない。

　しかし，「言葉」だけからいったい何がいえるのだろうか。たとえば，「ワタシハ，ソノヒトヲ，コロシテシマイマシタ」という言葉から何がいえるのだろうか。この言葉だけ取り上げるなら，それ自体は真でも偽でもない。この言葉は，真犯人でも言えるし，事件に無関係な者でも言える。言葉自体のなかに犯罪があるわけではない。

　それでは，言葉を発した人のもつ個別性，すなわち，「その人らしさ」はどこにあるのだろうか。おそらくこれまでの心理学者であれば，既存の「人格特性」，「能力」，「知能」といった枠組みに被疑者をあてはめ，その言葉の信用性を評価しようとするだろう。しかし，それは，既存の枠に彼をあてはめるだけの作業であり，それはただちに「個の喪失」を意味する。これでは，彼を解釈し心理学的に説明してみせただけで，その個別性にふれたことにはならない。

　私たちが裁判というフィールドに入って直面した課題がまさにこれにあたる。心理学者として，被疑者のその人らしさを描き出すこと。しかし，私たちは大きな制約を抱えていた。私たちに与えられたものは被疑者の「言葉」だけである。

　この課題と制約のはざまで，私たちは暗中模索を繰り返すことになる。

1節　分析までの道のり

（1）足利事件とは

　1990年5月12日午後6時半頃，栃木県足利市内のパチンコ店において，父親と一緒に来ていた4歳になる少女の正美ちゃん（仮名）が，同店の駐車場付近でパチンコ店従業員および客の1人に目撃されたのを最後に失踪した。午後7時半頃父親が正美ち

ちゃんのいないことに気づき、あたりを探したが見つからず、母親に連絡し2人で必死に探したものの結局正美ちゃんの姿は見つけることができず、同夜9時45分頃に足利警察署に捜索願を出した。足利警察署はすぐさま総動員体制で捜査を開始したが、同夜中には発見にいたらなかった。翌5月13日早朝より捜査を再開したところ、午前10時20分ころ、パチンコ店駐車場より500メートルほど離れた渡良瀬川河原の、葦のヤブのなかから正美ちゃんが全裸死体となって発見された。死因は手で首を絞められた（扼殺）ことによるもので、死亡推定時刻は5月12日午後7時から8時の間とされた。また同日、渡良瀬川の流れのなかから正美ちゃんの衣類等も発見され、半袖下着には精液の付着が認められた。足利市内では1979年と1984年にも幼女誘拐殺人事件が発生し、それらが未解決のままであったこと、しかもそのうち1件は同じ渡良瀬川の河原から死体が発見されたことから、足利警察署は市内を中心に徹底的なローラー作戦を展開したが、犯人を割り出すことはできなかった。

翌1991年12月1日、足利署はこのローラー作戦で、浮上していた須賀年男（仮名）を被疑者として事情聴取し、自供を得て同夜逮捕した。逮捕の決め手は正美ちゃんの半袖下着に付着していた精液から検出されたDNAの型と、須賀氏の精液から検出されたDNA型が符合したことであった（なお、DNA型がはたして一致しているのか、後に重大な疑問が生じたが、ここではこの問題には深入りしない）。この事件は、DNA鑑定を犯人逮捕に用いた第一号事件として大々的に報道され、12月21日、須賀氏は起訴された。

須賀氏は第一審の第6回公判まで自白を維持し、正美ちゃん殺害を認めていたが、第6回公判の途中で突然否認に転じた。情状酌量の線で弁護を進めていた弁護士の助言に従って、第7回公判で再び犯行を認めることとなった。さらに、論告求刑後に再度無実を訴え、弁論再開後須賀氏は改めて全面否認したものの結審し、1993年7月7日無期懲役の判決が下された。判決はDNA鑑定に全幅の信頼を置いており、自白の任意性や信用性も簡単に肯定した。須賀氏はただちに控訴した。

1994年4月28日、東京高裁で控訴審が開始された。控訴審において、須賀氏は無罪を主張し続けた。

（2）鑑定依頼

このような状況のなか、私たちは、控訴審段階にいたって佐藤博史弁護士（第二東京弁護士会）を中心に結成された足利事件弁護団より、須賀氏の供述の信用性につい

て鑑定の依頼を受けたのである。

　まずは，当初，弁護団が須賀氏をどのような人物としてとらえていたかについて述べておく。弁護団は，第一審が判決の論拠としたDNA鑑定の信用性を検討する一方で，精神科医師福田衛氏（仮名）の精神鑑定（以下，『福田鑑定』と略記する）の読み直しをすすめていた。福田鑑定の鑑定主文を次に引用してみよう。

　　鑑定主文
　　1．被告人の知能は普通よりは低いが，精神薄弱と診断できるほど低くはなく，「精神薄弱境界域」にある。
　　2．被告人の性格には偏りがあり，内向的，非社交的で衝動の制御が悪く，未熟で原始的であるが，精神病質・異常性格という程度の異常ではない。
　　3．被告人の脳の検査結果には，早幼児期の軽微な脳障害の痕跡がうかがわれるが，臨床的に脳器質性の症状はない。
　　4．被告人は，その恵まれない知能と性格のために，またかつての結婚生活で性交に失敗した体験のために，性対象としての成人女性に接近することが困難な精神状態にあり，その結果，その代償として小児に性的関心を抱き，これに性的に接近するようになっていた。すなわち，被告人は「代償性小児性愛」というべき性的倒錯の状態にあった。
　　5．本件犯行は，上記のような小児性愛を動機として行われたものである。
　　6．現在および本件犯行時の被告人には，上記の小児性愛の他には，精神病，精神薄弱，意識障害などの精神障害は存在しない。
　　7．本件犯行時の精神状態は，自己の行為の理非善悪を認識する能力，またはこの認識にしたがって行為する能力が著しい程度に低下していたとは考えられない。

　このなかで弁護団がとくに問題にしたのは，第4と第5の項目で言及されている「代償性小児性愛」であった。幼児にいたずらし扼殺したという自白以外に須賀氏が小児性愛であると判断する客観的な証拠が得られない状況で「小児性愛」という表現を用いることには決定的な問題がある。

　たしかに福田医師が鑑定を行なった当時，須賀氏は犯行を認めてはいた。ところが，さきに紹介したように，この裁判をとおし須賀氏の自白と否認は二転三転しているのであって，仮に，否認を前提に精神鑑定を行ったのであれば，常識的にみて，「代償性小児性愛」という鑑定は得られなかったはずである（ただし，福田医師の二審の証

言によれば，否認を前提にしても被告人が代償性小児性愛者であるといえるとのことであった。よって，福田医師の論理に従えば必ずしもこのようにいえるわけではない。）。正美ちゃんをいたずらし殺害したという自白を事実とみなすからこそ，須賀氏は，成人女性の代わりに小児を愛する傾向，すなわち「『代償性』小児性愛」と診断されていると考えられた。

弁護団の描く須賀氏像は，福田鑑定から「代償性小児性愛」を除いた，「精神薄弱境界域」でかつ「性対象としての成人女性に接近することが困難な精神状態」である人物に過ぎなかった。このような傾向をもつ須賀氏が一連の調書にみられるような供述をなし得るか否か，これが当初の私たちへの鑑定依頼だった。

(3)「少年探偵団」

とりあえず，私たちは調書をじっくり読み込むことから始めた。これまで行ってきた供述分析の方法論に則り，供述の変遷に注意を払いながら調書を読み進める作業を続けたのである。私たちにいくばくかの期待を寄せてくれた弁護団をがっかりさせまいという意気込みからであろうか，私たちは供述変遷を大きな図表に整理しながら，須賀氏になったつもりで彼の言動のシミュレーションを何度も繰り返していた。

しかし，そこからはいっこうにリアリティが生まれてこないままであった。ひょっとすると，このリアリティの無さは，彼の供述が真実ではないことの証なのか？いったんはそう考え，彼の冤罪を信じかけた私たちだったが，結局は次のような判断に落ち着いた。供述のなかの須賀氏の言動をシミュレーションしてみるだけでは分析として十分とはいえないだろう。人はいつも複雑で多様な環境とふれあいながら動くものであるから，彼のいた（かもしれない）「現場」をしっかりみなくてはならない。「現場」をみることで彼の供述のリアリティは試されるはずだ。

そしてついに，私たちは足利市の殺害現場に出向き「現地調査」を行うことになったのである。正美ちゃんが行方不明になったパチンコ店からの足取り，殺害現場の構造，そして須賀氏の住まいにいたるまで，丸一日を費やして調査を行った私たちは，須賀氏を取り巻く環境にできるだけふれようと努力したつもりであった。「つもりであった」というのは，結果的に，それが行われなかったということである。

私たちの過ちの1つは，次のような誤解にあった。人は環境のなかでいつも行動する，ゆえに，人と環境は切り離して考えてはいけない。ここまでは正しい。しかし，私たちの到着した現場は，たしかに当時の面影を残してはいたが，殺害現場「そのも

の」ではなかった。私たちは，人と環境が一体化しているという意味を十分に考えなければならなかったのだ。観察者は，人が環境のなかで動いている「まさにその現場」をじかにみなければならないのだ。行為がすでに終了した後に「かつての現場」を見に行くことは，人と環境を切り離して考えることに等しい。

そして私たちの2つめの過ちは，風化しつつあった現場を「殺害現場」として再構成しようとしたことだった。再構成のための手持ちの材料は，わずかに須賀氏の供述のみである。足利の現場は「須賀氏が動きまわった（であろう）場所」ではなく，「須賀氏の供述をもとに再構成された架空の舞台」という地位に成り下がってしまっていた。

ある日のこと，こうした私たちを見かねて，足利事件弁護団長の佐藤弁護士は，次のように一喝した。あなたたちは，「少年探偵団」ではないのだから，そんなことはしないでほしい，と。たしかにその通りであった。私たちは終わることのない推論の海に溺れてしまっていたのだ。私たちのこうした試みは，もはや存在しない「オリジナル」を求める推論，そして，その推論のまた推論を招くだけのものであった。ごくあたりまえのことにハタと気づかされ，私たちは深く反省した。

（4）供述分析という方法をめぐって

第Ⅰ部で述べたように，そもそも私たちが被疑者の供述鑑定にふれたのは，浜田寿美男の供述分析をとおしてであった。そして私たちの行ってきたこれまでの鑑定は，浜田流供述分析を個々の事件に活かせないかという一点に力を注いだものといってよい。したがって供述鑑定における私たちの専門性はといえば，浜田流供述分析にその源泉があったはずである。

佐藤弁護士の言葉を受け，私たちはとにかく，供述分析の定石どおり，今度こそは「推論を入れずに」供述の変遷を整理することに没頭した。

さて，浜田の供述分析については，1章において手短かにふれておいたが，ここで，供述変遷を扱う方法論についてもう少し説明を加えておきたい。須賀氏の劇的な供述変遷はめまぐるしい自白と否認の交替であることはすでに述べたが，供述分析は，こうした供述の変遷を「嘘」もしくは「誘導」として了解可能かどうかを判断する方法である（前者が「嘘分析」，後者が「誘導分析」と呼ばれる）。

ここで，「了解」という語を用いたのは，嘘や誘導という判断が，「通常かくあるべし」という基準によってなされるからである。たとえば，嘘分析により供述が「嘘」

とみなされる際には,「普通の人間であれば,このような状況でこのようなことを事実として言うはずない。かくかくしかじかの理由で被疑者はここで嘘をつかざるを得なかったのであろう」という判断が背後にある。また,誘導分析において供述が「誘導」とみなされる場合においても,同様に「事件から3年も経った時点において,被疑者が脈絡もなく唐突に新たな出来事を思い出すとは考えにくい。おそらく,取り調べ側のもっている情報がなんらかの形で供述に入り込んだ(すなわち,ある種の誘導がなされた)ものだと考える方が自然だろう」といった判断がなされる。嘘分析と誘導分析に共通するのは,合理的人間像(常識的人間像といってもよいだろう)とでもいうべきものが背後に想定され,それをもとに判断がなされる点である。

1章でふれたように,すべてのケースに供述分析が有効であるわけではないだろう。しかし,こうした「了解」に基づく方法論は,私たちが以前に迷い込んでしまった「推論」に比べればはるかに妥当性をもっている。この供述分析という手法が,足利事件においてどこまで効力をもつかが,当面の私たちの課題であった。

しかし,いきなり私たちは1つの壁にぶちあたった。福田鑑定によれば,須賀氏は「精神薄弱境界域」であるため,彼の言動は「精神薄弱者」のものとしても,また「健常者」のものとしても説明することが可能となる。これはたいへん厄介な問題であった。なぜなら,仮に私たちが須賀氏を健常者とみなし,常識的に想定される人間像をあてはめようとしても,彼を「精神薄弱」傾向としてみなす立場からの反論を完全に否定することはできないし,その逆もまた,しかりなのである。これでは解釈の泥沼に入り込んでしまう。供述分析を行うには,かなり手ごわい相手であった。これは,鑑定の容易な「初級の事件」ではないかもしれない。

(5) 能力論の落し穴

ところで,こうした解釈をめぐる問題は,「精神薄弱境界域」に限定された問題なのだろうか。1つのつまづきをきっかけに,私たちは,能力と行為の関係について,少し突っ込んで考えるようになった。そして,須賀氏の供述を何度も読み込み,彼のさまざまな行為を追いかけながら,「能力という概念を用いて行為を説明すること」に潜む危険性に少しずつ気づいていった。

この議論は,須賀氏の精神鑑定から「境界域」という語句を取り払って考えてみるとわかりやすいだろう。さて,今須賀氏が「精神薄弱」であったとしよう(現在では「精神薄弱」という用語ではなく「精神遅滞」もしくは「知的障害」という用語が用

いられるが，ここでは福田鑑定に倣い「精神薄弱」という用語を用いることとする)。彼の供述の信用性を判断する際に，精神薄弱と行為を関係づけ，「彼は精神薄弱『だから』，○○という行為はできないだろう」といった説明がなされることがあるだろう。しかしその一方で，「いや，精神薄弱『でも』，○○という行為ができる場合はあるはずだ」という言い方もあり得る。両者の間に解釈の泥沼が横たわっている。精神薄弱という語を「健常」と置き換えてもまったく同様である。「健常者なんだから，これができるのはあたりまえだ」，「いや，健常者でも，できないことがある」といったように，同じやりとりが生じる可能性がある。

こうしたやりとりをみると，精神薄弱／健常といった属性を用いた議論は不毛であることに気づかされる。能力という概念をもって行為を説明すること自体に根本的な過ちがあるのだ。このように用いられる「能力」概念とは，行為を納得できる形で説明しようとするためにそのつど都合のよい形に変形され利用される「説明概念」に過ぎないのである（この問題については本章 4 節（2）において詳しく議論される）。

(6) 公判供述との出会い

ここにいたって私たちは，能力という概念だけでなく，あらゆる説明概念のフィルターを通さずに供述を読む方法を模索し始めた。ただし，須賀氏の供述調書をありのままに読むといっても，それは，須賀氏と取調官のコミュニケーションの結果を整理したものに過ぎず，須賀氏の語りそのものではなかった。さきに紹介した供述分析は，こうした特徴をもつ供述調書を時系列順に整理し，その変遷をたどることにより，被疑者と取調官のやりとりを浮かび上がらせるという困難な仕事である。

ありのままの須賀氏の供述を，という熱に少しずつなされ始めていた私たちに，ある日佐藤弁護士から「須賀氏の公判供述（公判廷において須賀氏が語った発話記録）に注目してはどうか」というアドバイスがあった。私たちにとって，公判供述を分析対象として意識したのは，足利事件が初めてである。須賀氏が自らの声で事件について語っているという事実は，（言い方は適切ではないかもしれないが）分析者にとって非常に魅力的に映った。

しかしながら，多くの想起研究や語り（ナラティブ）研究が教えるように，語られる内容は，それがどのような場でどのような目的のもとに行われるか，だれに対して語られているのか，といった状況に大きな制約を受けているのも事実である。須賀氏は，法廷という非日常場面で弁護士，検察官や裁判官といった人たちに囲まれるのだ

から，ありのままに語れるわけがない。このように考えると，彼の公判供述は，非日常的な場に大きく制約された歪んだデータであるといえる。

　この歪みにまつわる問題をどのように解決すればよいのか。よい分析のアイデアがいっこうに浮かばず前に進めない私たちを見かね，あるとき佐藤弁護士が次のような言葉をもらした。「公判供述それ自体をそのままみてはどうか。そこには生（なま）の声があるはずだ」，と。この言葉は，ごくあたりまえのことをいっているようにみえるが，実は大きな方法論的転換を含んでいた。彼のさりげない一言が，私たちを一歩前進させることになった。

　公判供述それ自体をそのままにみよう，というこの提案は，これまでの心理学においてデータの「歪み」と考えられていたものを歪みとして扱わない，という大胆かつ重要な転換を含んでいた。このことを理解するには，「歪み」の意味について改めて考えてみる必要があるだろう。

　人が語ったり行為したりするとき，そのまわりには常にそれぞれ固有の環境があり，他者がいるはずである。それらはいずれも，標準的・普遍的といえる性質のものではない。それらは個別に意味をもっている。法廷という場もその例外ではない。いわば，あらゆる場が特殊なのである。したがって，法廷という場の制約により須賀氏の語りが大きく歪みを被っているようにみえたとしても，それは彼自身の本来あるべき語りが「歪んだ」ものではなく，あくまでも，それは彼自身の語りのバリエーションのひとつに過ぎないととらえるべきである。そこには，私たちが追い求めていた，須賀氏のありのままの姿が見え隠れしているはずだ。

　こうした意味において，さきの佐藤氏の発言にある「生（なま）の声」というのは，一般にノイズと思われがちな「場の特殊性」や「他者」を取り払った向こう側にすっきりとみえてくる何ものかではなく，まさに，それら「ノイズ」と須賀氏の間に繰り広げられるコミュニケーションのなかに現れるものをさしていると考えられる。

　そして，もしそうしたコミュニケーションのなかに繰り返し一貫して見いだすことのできる特徴があるとすれば，それはまさに，他者の力や環境の制約などに決して還元されない，「須賀氏らしさ」というひとつのスキーマを示すことになる。ありのままの須賀氏をとらえようとすれば，こうしたスキーマを浮かび上がらせなくてはならない。

　佐藤弁護士の発言をこの視点からとらえ直していくと，それは，私たちが親近感を寄せていたバートレットのスキーマ論の考え方を先取りしていたといえるかもしれない。

3章　足利事件―「その人らしさ」を規定するもの―

ところで，彼の提案はまた，供述以外の「不可視なもの」について考えることをいっさい停止せよ，というアドバイスでもあった。それに従い，私たちは，供述に秘められていると考えられてきた須賀氏の動機や，供述として言語化される以前の彼の記憶などについて考えることを留保する決意を固めつつあった。いうまでもなく，かつての私たちは，供述に秘められているものや，供述が生み出される原因を割り出すことこそが，供述鑑定の第一の責務だと考えていた。しかしここにいたって，私たちは「目にみえるもの」，すなわち，供述の形式のみをただ見つめることにした。私たちは，彼の公判供述の形式的特徴から「須賀氏らしさ」というスキーマをなんとか抽出しようと分析を開始したのである。

2節　文体分析

(1) 分析の概観

ここで，私たちの行なった分析の手順をざっとみておこう。

まず，私たちは，須賀氏の供述の全体的特性を見いだすことを試みた。手始めに，須賀氏の発話量をすべてカウントしたところ，明らかに彼自身の発話量が少ないことがわかった。さらに細かく読み進めていくと，頻繁な「言い淀み」も随所に見受けられた。ここから，「寡黙」で「言い淀む」語り手としての須賀氏がまず現れてきた。

しかしその一方で，須賀氏の法廷での尋問者とのやりとりには，ざっと検討したところではさほど大きな障害が現れているようにはみえなかった。通常であれば「寡黙で言い淀む」人物とコミュニケーションする際には，さまざまなトラブルが発生することが考えられる。この違和感を解きほぐす手がかりを得るため，私たちは，事件の核心にふれる重要なテーマを複数取り上げ，須賀氏の法廷でのやりとりを，尋問の相手が検事の場合と弁護士の場合に分け，それぞれについて対話過程の分析を試みた。尋問者によって対話過程が異なれば，それが分析の突破口になるかもしれない。

しかし結果としては，相手が検事，弁護士のいずれであっても共通のコミュニケーション構造が見いだされた。これは，法廷での敵，味方を問わず同じような構造のコミュニケーションが行われていたことを示している。

このやりとりの構造について説明すれば，次のようになる。まず尋問者が，コミュニケーションの端緒においてオープン・クエスチョン（OQ）と呼ばれる，5W1H

に代表されるような自発的な記述を求める問いを発する。すると多くの場合，須賀氏は応答の文脈を誤ったり，また言い淀んだり，混乱した応答を返してしまう。そのため，尋問者は質問形式をクローズド・クエスチョン（CQ）と呼ばれる，「はい」／「いいえ」で容易に答えられるような問いに変換し，再質問することになる。そして，今度はその問いを受け，須賀氏が「はい」か「いいえ」かを選択することによって，コミュニケーションは修復されるとともにひとつの答えが導かれることになり，ここにおいてやりとりは破綻なく終結することになる。

　これが基本的な構造であるが，尋問者がCQを用いる場面においては，さまざまな「例示」や「提案」（「あなたはたとえば，〜をしましたか」「これはたとえば〜ということですか？」など）を行い，それを須賀氏が承認することで事実が生成されていくといったやりとりもみられた。

　こうしたコミュニケーションがいわゆる「誘導」にあたるかどうかについては十分な議論が必要であるが（この議論については原・松島・高木, 1996を参照のこと），私たちは最終的にこうしたやりとりを，誘導ではなく，事実を知ろうとする尋問者が須賀氏に出会えば現れざるを得ないコミュニケーションであると結論づけた。

　また，こうしたコミュニケーション形式は，須賀氏と対話することによって必然的に生じるという意味において「須賀氏らしさ」というスキーマのひとつのあらわれとしてとらえることができる。もちろん，それは須賀氏の内部に実体としてある「須賀氏らしさ」ではなく，あくまでも対話の共同的な関係性のなかに現れたものであることは忘れてはならない。

　さて，ここまでの分析で，私たちは，供述の形式的特徴のなかにある程度「須賀氏らしさ」を見いだすことに成功した。しかし，こうした分析結果だけでは供述鑑定にはならないことも事実であった。

　私たちは，須賀氏の発話をもう一度丹念に読み返してみることにした。すると，須賀氏自ら流暢に，かつ多量の発話をしている箇所が少なからず発見された。それらをすべて抜き出してみたところ，その多くが，彼がほぼ確実に体験した出来事についての話題であった。それは，彼の借家に警察官が訪ねてきた日のことや，勤め先で同僚と事件について語ったときのことなど，彼が実際に体験したことが客観的にほぼ確実であるといえる出来事についての語りだったのである。

　これは明らかに意味のある偏りであった。しかしこれを根拠に，彼が犯行を行わなかった可能性を示唆するだけでは，説得力をもつ供述鑑定にはなり得ない。そこで，私たちは，実際に体験したことが客観的にほぼ確実であるといえる出来事の供述を，

「体験記憶供述」と名づけ、その形式的特徴を抽出することに全精力を注ぎ込んだ。なぜならば、こうした出来事の語りに一貫した特徴を見いだすことができれば、犯行供述の評価に結びつけられる可能性があるからだ。すなわち、それと同様の特徴が犯行供述の特徴としてもみられるか否かを調べることで、犯行供述が実体験に基づく供述としての体裁をなしているか否かを評価できることになる（供述の体験性の評価）。これができれば鑑定としての体裁は整うはずである。

さて、その体験性評価の視点であるが、私たちは、一貫した語り口としてとらえることができるような形式的特徴をとりわけ重要視し、これを「文体」と呼ぶことにした。文体は、極めて表層的でありながら、まぎれもなく「その人らしさ」を体現している点で非常にユニークだからである。

だれしも、実体験を語るときと、そうでない体験（たとえば「でまかせ」や「作り話」、「嘘」など）を語るときとでは、その人らしい独特の「文体」の違いがあるだろう。今回行った文体分析の背後には、このように非常に素朴でかつ直観的な前提がある。いうまでもなく、ここには特別な理論的根拠はない。しかし、「足利事件における須賀氏」という１つのケースにおいてこうした文体が見いだされるのであれば、それは、鑑定において有効な武器となるはずである。

一方、心理学の理論的関心からいっても、「文体」は「その人らしさ」と深く関わる重要な存在である。先述したように、「その人らしさ」とはある種のスキーマであるからだ。それは、ある人物の語りのなかに一貫して現れ、彼自身を特定するような性質をもつものである。

以下、私たちの行った「文体分析」の実際について詳しくみていくことにしよう。

（２）文体分析の特徴

まず、私たちの用いた文体分析の特徴を押さえておこう。従来の供述鑑定の方法と比較すれば、それは、おそらく次の３点に集約される。

1. 「供述内容の評価」ではなく「供述形式の評価」を行ったこと。
2. 「供述の外部にある既存の基準」ではなく「供述内部から導かれた基準」を用いて供述評価を行ったこと。
3. 「供述の真偽の評価」ではなく「供述の体験性の評価」を行ったこと。

ここでとりわけ大きな特徴は，3．の「供述の体験性の評価」にある。私たちは供述の真偽をめぐる問いを放棄することから分析を始めたのではなく，また当初から「供述の体験性の評価」への転換を志していたわけでもなかった。これまでに紹介してきたいくつかの偶発的な出会いがなければ，文体分析は行われなかった可能性はある。ただ，私たちが試行錯誤的に文体分析にたどりついたにせよ，方法論としての「供述の真偽の評価」と「供述の体験性の評価」の違いは私たちの頭の片隅で常に意識されていたように思われる。よって，本章において読者のみなさんに文体分析の意義を理解していただくためには，分析の詳細に立ち入る前に，この問題について議論しておくことがよいだろう。私たちが足利事件で用いた文体分析は，供述が「真か偽か」を問うものではなく，「体験に基づくものか否か」を問うものであった。この違いは微妙であるようだが，方法論上は大きく異なるものである。

　まず，従来行われてきた「供述の真偽評価」について批判的に吟味してみよう。供述の真偽を評価するにはいくつかの方法があるが，代表的なものとしては，供述内容の「具体性」・「迫真性」・「合理性」・「一貫性」といった評価基準との比較から供述の真偽を見分けようとする方法があげられる。これは判決文においてしばしば言及されるものであるが，後に詳しく議論するように，ここには（おおよそこの程度ならば「迫真性のある供述」といえるだろう，といった）判別者の解釈が入り込む余地があるばかりでなく，こうした基準に適合するよう捏造された偽の供述を判別できないという方法論上の問題点を孕んでいる。供述の真偽評価を行う他の方法としては，心理学における記憶研究の成果から得られた法則（たとえば，ロフタスらの研究成果）を適用する方法も考えられる。しかし，こうした法則には必ず例外がつきものであって，裁判で扱われる事例のような個別の対象に直接適用できるものではない。そこには，「本事例は例外である」という反論がなされる可能性が常に孕まれている。

　一方，「供述の体験性の評価」は，当該個人が確実に体験した出来事の語り口（さきに，体験記憶供述の文体と呼んだもの）を唯一の評価基準としているため，「解釈」や「例外」が入り込む余地がない。もちろん，すべての事例においてこうした文体が発見されるわけではなく，その意味においては，一般性や普遍性という面で「真偽評価」に劣る方法論ではある。しかし，ひとたびそれが発見されれば，個別の事例を扱わざるを得ない裁判においては極めて有効な方法となる。

　さてここまで，さきにあげた3つの特徴のうち3．の「供述の体験性の評価」の問題についてのみ検討してきたが，実は私たちが今回行った文体分析の3つの特徴は，互いに深く関わり合っている。私たちが批判した「供述の真偽評価」で用いられる方

法では,「供述内容」が取り上げられ（1．において否定される方法論である），それが「外部基準」と対比される（2．において否定される方法論である）のである。「供述の真偽評価」の方法はいくつかのやり方があるが，こうした特徴は一貫している。

残る理論的問題や議論を深めるべき点については，分析を一通り説明した後，改めて論じることとし，ここでは,「文体分析」の具体に入ろう。

（3）文体分析1　―体験記憶供述の文体上の特性―

ここまで読まれ,「文体分析とは単なる文体の抽出であり，その方法論はすでに確立しているはずだ」と考える方もおられることだろう。しかしながら，私たちが行った文体分析は，あらかじめ準備されている分類基準に須賀氏の文体をあてはめていく作業ではない。それは，供述に内在する彼独特の傾向を抽出しようとする試みであり，分析の対象が変わればそれに応じて分析の主眼・方法も異なってくるような性質のものである。この方法論は，超越的な視点から須賀氏の供述を俯瞰し分析するのではなく，いわば，供述をじっくりと読み込むことで初めてみえてくる彼の語り口を掬い上げようとする試みである。その意味では，私たちは分析手法をあらかじめ所有しているとはいえない。むしろ，それは須賀氏の供述自身が所有しているのだ，といってよいだろう。

文体分析を開始するにあたって，須賀氏の「体験記憶供述」（実際に体験したことが客観的にほぼ確実であるといえる出来事の供述）の外見上の特徴からじっくりみていくことにしよう。多量かつ流暢な供述の典型例として，第二審第3回公判47丁に記載されている供述をあげてみよう。これは，1ターン分の発話である（なおここで，ターンとは，対話において1人の発話が他者に遮られることなく持続する発話の単位のことをさす）。

> ええとですね，その巡査の人が「須賀さんですか。」と言いましたので,「はい,そうです」と言いました。そうしましたら,「中をちょっと見せてもらえないかな」と言われました。それで，家の中を，何というんですか，上がってもらって，それで，押入れを,「ちょっとそこを開けてもらえないかな」と言われたものですから，押入れを開けまして，それで，何というんですか，小さい箱がありました。中に。その箱を,「ちょっと見せてくれないかなあ。」と言われましたもん

で，その箱を取りまして，それで見せましたら，「これは何だろう」と言うんです。「これは大人の人が使うものだ。」と言ったわけなんですが，そうすると，「これは女物じゃないかな。」と言われましたもんで，自分は「男物です。」と言ったんです。「じゃ，これはもうしまってもいいですよ。」って言われたんです。

　これは，巡査の訪問という，客観的に事実であることが明らかである「体験記憶供述」の一例である。これはまた，事件の核心からはずれた場面であるがゆえにとくに須賀氏が嘘をつく必要もない場面である。一読すれば明らかなように，この供述は，発話量が多く，流暢であり，かつ，内容が具体的である。他の「体験記憶供述」についても検討してみたところ，同様の傾向を見いだすことができた。須賀氏の「体験記憶供述」は，単に，空虚な言葉や混乱した語りが集まったことで発話量が多くなったようにはみえない。そこにはなんらかの一貫した「構造」があるように思える。そう考えた私たちは，さっそくそれを明確にするために詳細な分析に取りかかった。

　出来事の語りの構造を明らかにするには，こうした須賀氏の発話をなんらかの単位で切り分けなくてはならない。さて，通常，過去の出来事を語る際に一定の構造をそこにもたらす方法は，単純に分けると，次の２種類が考えられるだろう。１つは，「～が起きて，次に，～して，そして～になって…」と続いていくような，生じた時間の流れにそって単純に出来事を並べていく方法である。もう１つの方法は，たとえば「～した。なぜなら，～だったから。」といったように，出来事に理由を加えたり，出来事になんらかの意味づけをしていくような語りである。

　基本的なことかもしれないが，須賀氏の体験記憶供述がこの２つの構造のうちいずれの構造をもっているかを明らかにしておくべきである。私たちはまず，須賀氏のすべての体験記憶供述をピックアップし，それらを「動作主＋動詞」という単位に切り分けてみた（ここでは，人／ものにかかわらず行為の主体に該当するものを「動作主」と呼ぶ）。さきに示した須賀氏の供述の一部を，この単位で区切ると次のようになる。なお，▲は単位の切れめを示している（カッコ内は通し番号）。

　　ええとですね，その巡査の人が「須賀さんですか。」と言いましたので▲（１），「はい，そうです」と言いました▲（２）。そうしましたら，「中をちょっと見せてもらえないかな」と言われました▲（３）。それで，家の中を，何というんですか，上がってもらって▲（４），それで，押入れを，「ちょっとそこを開けてもらえないかな」と言われたものですから▲（５），押入れを開けまして▲（６），

それで，何というんですか，小さい箱がありました▲（7）。（後略）

　たとえば，▲（1）の箇所は，「巡査」という動作主の「言う」という行為を叙述した箇所であり，これが1単位となる。▲（7）の「箱が＋ある」のように動作主が物や事象である場合もある。
　これらの単位の接続の仕方を調べていくことで，須賀氏の供述の構造がさきに想定した2種のうちいずれのものであるかが明らかになるはずである。私たちはとりあえず，供述において連続する2つの単位が，第1の例のように，時間的順序のみで接続されている場合を「時系列的接続」と呼ぶことにした。そして，時系列的接続以外の接続が発見された場合は，その様式を分類してみた。結果として，表3-1に示す通り，須賀氏の語りは，ほぼすべてが時系列的接続であり，「〜しました。そういうわけで〜しました。」といった理由を説明するような接続（理由接続）や，「〜であればよかったのですが，〜しました。」といった仮定法的接続は，あわせても約5％しかなかった。須賀氏の体験記憶供述は，圧倒的に「〜が起きて，次に，〜して，そして〜になって…」という時系列的接続が多かったのである。
　さらに，私たちは須賀氏の時系列的な供述の特性をより詳しく検討することにした。

●表3-1　単位接続の各様式の出現頻度（体験記憶供述）

接続の種類	頻度（％）
時系列的接続	86（94.5％）
理由接続	4（4.4％）
仮定法的接続	1（1.1％）

時系列的な構造化原理といってもさまざまなバリエーションが考えられるからである。たとえば，「私は〜して，次に，〜して，…」というように自己の行為のみを時系列的に配置する方法，それから「私が〜し，次にAさんが〜して，…」というように自己の行為と他者の行為を交互に登場させる方法，また，「それが〜になって，次に，〜のようになり，…」といったように事物の運動（行為）のみを羅列して語る方法，あるいは，「私は〜のように思い，次に〜と感じて，…」というように自己の行為のなかでもとくに自己の思考や感情の変化を時系列的に配置する方法などである。こうした供述の構造化の方法は供述内容にある程度，依存していることは否めないが，さしあたり私たちは，単純に以下の3点に整理し，分析を進めることとした。

① 動作主の種類

各単位の動作主を「須賀氏本人（自己）」，「他の人物（他者）」，「人間以外の事物（事物）」に分類し，それぞれの頻度とパーセンテージを求めた。

② 行為の種類

各単位について，動作主が須賀氏本人，あるいは他の人物の場合，その行為が「身体的・動作的行為（運動行為）」であるか，「感情の喚起，思考などの心理の動き（心的行為）」であるかという点について分類し，それぞれの頻度とパーセンテージを求めた。

③ 動作主の連結の様式

1人の動作主の行為が連続して語られる傾向が強いか，動作主がなんらかのパターンで交代するのか，あるいは，そうした規則性が存在しないのか，という点に注目し分析した。具体的には，連続する2つの単位間における動作主の推移の仕方を「自己→他者」「自己→自己」という具合に整理したうえ，それらを「自己－他者」「他者－自己」「他者－事物」のように動作主が入れ替わるもの（これを「連鎖的接続」と呼ぶ）と，「自己－自己」「他者－他者」のように同じ動作主が連続しているもの（これを「連続的接続」と呼ぶ）に分類し，それぞれの頻度とパーセンテージを求めた。

結果を順に整理してみよう。まず，分析①と分析②の結果をまとめ，表3-2に示す。

●表3-2 動作主と行為の種類の出現頻度（体験記憶供述）

動作主	運動行為	心的行為	合計
自己	49 (43.4%)	10 (8.8%)	59 (52.2%)
他者	45 (39.8%)	0 (0.0%)	45 (39.8%)
事物	9 (8.0%)	0 (0.0%)	9 (8.0%)
合計	103 (91.2%)	10 (8.8%)	

表をみると明らかなように，「動作主」の種類に関しては，運動行為に関する須賀氏の体験記憶供述には，動作主として自己（43.4%）と他者（39.8%）がほぼ同じ割合で出現していた。一方，心的行為については自己の動作主に偏っているが，他者の心的行為を心的行為として直接的に語ることは通常行われることはないことから，これは，須賀氏特有の特徴というより，むしろ，通常よくみられる語りとして理解することができるだろう。また，「行為の種類」に関しては，須賀氏の体験記憶供述の場合，その大半が運動行為についての語りであることが明らかとなった。

次に，分析③の動作主の連結の様式について集計した結果を表3-3に示す。

●表3-3　動作主の連結の様式の出現頻度（体験記憶供述）

接続の種類	頻度
連鎖的接続	56（61.5％）
連続的接続	35（38.5％）

表3-3から明らかなように，須賀氏の場合，「自己－他者」「他者－自己」「他者－事物」のように各単位を連鎖的に接続する傾向が強くみられた。

ところで，ここに示した数値は，各単位間の接続を検討したものであるため，連続する自己の行為を2つの単位を用いて語った後，他者の行為を同じく2単位で語るといったような，単位グループごとの連鎖的接続は検出していない。しかしながら，この分析において1単位ごとの接続のみであっても60％程度の連鎖的接続がみられたということは，こうした単位グループごとの連鎖的接続もまた多く存在している可能性が高いことを示している。したがって，ほぼ6：4という数値上に現れた対比以上に，須賀氏の体験記憶供述が連鎖的な接続によって構成されていることが示唆される。分析①において，動作主の割合が自己と他者でほぼ同数であったという事実からも，この解釈は支持されるだろう。

以上の分析から須賀氏の体験記憶供述の文体的特性として次のようなことが明らかとなった。整理してみよう。

① 大半が時系列的接続であった。
② 動作主は自己と他者がほぼ同じ頻度で出現していた。
③ 大半が運動行為に関する語りであった。
④ 単位間の接続は連鎖的である場合が多かった。

こうした結果は，須賀氏が自己の体験した出来事を実際に想起する場合に，自己と他者を同じ頻度で登場させながら，とくに，運動的行為の水準では，「自分が～したら，他者が～し，そこで自分は～した」といった具合に，自己の行為と他者の行為を交互に連鎖的に接続するという語りを用いる場合が多いことを示している。以下において，このような特徴をもつ想起の様式を「行為連鎖的想起」と呼ぶことにする。

さきほどあげた須賀氏の供述で，この特徴を再確認してみよう。

ええとですね，その巡査の人が「須賀さんですか。」と言いましたので，「はい，そうです」と言いました。そうしましたら，「中をちょっと見せてもらえないかな」と言われました。それで，家の中を，何というんですか，上がってもらって，それで，押入れを，「ちょっとそこを開けてもらえないかな」と言われたものですから，押入れを開けまして，それで，何というんですか，小さい箱がありました。中に。その箱を，「ちょっと見せてくれないかなあ。」と言われましたもんで，その箱を取りまして，それで見せましたら，「これは何だろう」と言うんです。「これは大人の人が使うものだ。」と言ったわけなんですが，そうすると，「これは女物じゃないかな。」と言われましたもんで，自分は「男物です。」と言ったんです。「じゃ，これはもうしまってもいいですよ。」って言われたんです。

　一読すれば明らかなように，時間の流れにしたがって「自己，他者，自己，他者」という順番で想起が展開されている。「行為連鎖的想起」の典型例であることがわかるだろう。

（4）文体分析2　―犯行行為供述の文体上の特性―

　これまでの分析から，須賀氏の体験記憶供述の文体上の特性が明らかになった。次に，こうした文体上の特性が，須賀氏の犯行行為供述においてもみられるか否かについて検討しなくてはならない。
　分析結果を紹介する前に，犯行行為供述の実例をみてみよう。さきほど体験記憶供述の実例を引用した際と同じように，1ターン分を引用してみる。引用中に示された記号もこれまでの分析の際に用いたものと同じである。
　まずは，正美ちゃんに声をかける場面。

　　それから，駐車場のそばに両替所がありまして，そこで両替いたしまして▲（1），それで帰るときですね，両替所の近くでしゃがんでたっていいますか▲（2），それで声をかけまして▲（3）。（一審第5回公判106丁）

　次いで，殺害現場への移動場面。

　　気が変わったといいますか，遊園地の道路まで行きましたけれども▲（1），

それから河川敷ですか，そこまで行きました▲（2）。（一審第5回公判110丁）

　それで，やはり自転車を河川敷ですか，止めまして▲（1），止めたところから下へ降りていきました▲（2）。（一審第5回公判111丁）

そして，殺害場面。

　やはり自分が抱き着いた…ですか▲（1），それで騒がれたんで▲（2），それでとっさに手が首にいっちゃったんです▲（3）。（一審第5回公判113丁）

いかがだろうか。これらの供述の文体は，前に示した体験記憶供述の例とはまったく異なる印象が得られるはずである。それは何に因っているのか，私たちは，さきほどとまったく同じ方法で分析を行い，その原因を探ってみることにした。紙幅の関係から，以下，その結果のみをまとめておくことにする。
　まず須賀氏は，体験記憶供述と同じように，犯行行為供述においても，ほとんどすべての箇所で「〜が起きて，次に，〜して，そして〜になって…」という形式，すなわち，時系列的に各単位を接続していたことがわかった。次いで，動作主の種類は，体験記憶供述の場合と異なり，自己が動作主である単位が圧倒的に多かった。さらに，行為の種類は，体験記憶供述の場合より，やや心的行為の占める割合が多かったが，全体としては運動行為の割合が非常に高くなっていた。最後に，動作主の連結の様式であるが，体験記憶供述の場合と異なり，犯行行為供述では連続的接続が多く用いられていることがわかった。つまり，犯行行為供述では，「自己－他者」「他者－自己」「他者－事物」のように動作主が入れ替わることが少ないのである。犯行行為供述における動作主の頻度において，自己を動作主としている単位が圧倒的に多いことを考えあわせるならば，須賀氏は，犯行行為供述においては，自己を動作主とした単位による語りを連続して配置する場合が多いということができる。
　須賀氏の犯行行為供述の文体的特性を箇条書きに整理してみよう。

① 各単位の接続の大半が時系列的接続であった。
② 動作主の出現頻度は自己が大半を占めていた。
③ 単位の大半が運動行為に関する語りであった。
④ 単位間の接続は連続的である場合が多かった。

(5) 文体分析のまとめと結論

最後に須賀氏の体験記憶供述と犯行行為供述の類似点と相違点について整理しておこう。

[類似点]
① 時系列的な構造化の方法を一貫して用いている。
② 大半が運動行為についての語りである。

[相違点]
① 動作主としての他者の出現頻度が，体験記憶供述では自己と同程度であったのに対し，犯行行為供述では非常に少なかった。
② 単位間の接続の様式が，体験記憶供述では連鎖的接続が中心であったのに対し，犯行行為供述では自己を動作主とした連続的接続がほとんどであった。

上記の相違点と類似点をまとめると，次のように表現することができる。体験記憶供述においては，須賀氏は，他の動作主に言及しながら行為連鎖的に過去を語っていたのに対し，犯行行為供述では，ひとり須賀氏のみが行為する形で語られていた。つまり須賀氏による体験記憶供述と犯行行為供述は，その語りの基本的な構造化の方法は一貫していながら，犯行行為供述における他の動作主の不在という点においては異なっていたのである。

(6) 供述調書における正美ちゃんの不在

須賀氏の体験語りの文体を同定することで，私たちは彼の公判供述の奇妙な点を指摘できる。須賀氏の体験語りの文体からして，もし彼が犯行を行っていたとすれば，犯行語りのなかに行為主体としての須賀氏と正美ちゃんが，ほぼ同頻度で登場することが考えられる。しかし実際には，そこに正美ちゃんは一貫して「不在」であった。

この「正美ちゃんの不在」という事実は，文体分析の観点からみれば派生的なものであったが，供述鑑定という実務的な面からみれば重大なものであった。犯行語りのなかに行為主体としての正美ちゃんが不在ならば，供述調書において正美ちゃんはどのように「存在している」のだろうか。こうした関心が私たちに湧いてきたのは自然の成り行きだった。もちろん，これまで述べたように，供述調書は「生の供述」ではなく，いわば質的に劣る二次資料である。したがって，供述調書を素材として須賀氏の文体分析を試みることは，彼の体験記憶の実態を抽出する作業としては極めて限定

的な分析になることは避けがたいことだった。

　しかしながら, 供述調書を須賀氏が実際に体験した出来事を語った記録と考えれば, いかに第三者である取調官が記録したものであったとしても, そこには必ず須賀氏の体験語りの特徴が反映されていると思われる。私たちは, 法廷で得られた須賀氏の供述特性に限定し分析を行った。その結果の概略は次の通りである。

　供述調書は, 一読したところ, 正美ちゃんが頻繁に現れているという印象を与えるものであった。しかし, 供述調書における動作主の出現傾向を詳細に検討したところ, 調書には「正美ちゃん」という言葉は極めて頻繁に出現するにもかかわらず, 法廷での犯行行為証言の場合と同様に, 「動作主としての正美ちゃん」は一貫して不在であることが確認されたのである。「正美ちゃんの不在」が供述調書においても確認されたことは, 法廷での証言で得られた知見を補強しているという意味において非常に重要な事実である。

(7) 鑑定書の「解説」

　以上が, 客観的な手続きにより導かれた, 私たちの鑑定書の分析結果である。これだけでも供述の体験性を評価するに足る十分な分析であると, 私たちは考えた。ただし, 裁判所に提出する鑑定書として仕上げるためには, 不本意ながらこれにいくばくかの「解説」を加えなければならなかった。

　これまでの裁判とのかかわりのなかで, 私たちは, 裁判所が妥当とする説明のレベルというものの存在を感じていた。裁判所の説明は, 私たちが避けようとしてきた説明原理に大きく依拠しているようであった。たとえば行為者の「意図」, 人間の行動や精神活動についての「一般法則」, 普通の人ならこうふるまうだろうという「常識」などを, 説明の根拠とすることが常態化しているのだ。私たちがここで行った鑑定は, 裁判所のこうした考え方をいっさい排除したところにある。

　私たちの態度を直接提示したとしても, 裁判所にはとても通じないだろうとの懸念が, 私たちに「解説」を書かせることとなった。実務に携わるうえでは, こうした妥協も時には必要であると, 私たちは判断した。こうした事情を読者のみなさんにも理解していただきたい。以下, 鑑定書に加えた分析の「解説」部分である。なお, 参考までに, 私たちが不本意だと感じた箇所については, その直後のかっこ内に若干の説明を加える。

犯行行為供述も須賀氏の体験記憶に基づく供述であると仮定すると，体験記憶供述においてあれほど一貫して用いていた行為連鎖的想起という方略を捨て，犯行行為供述においてのみ，なぜ他の動作主を不在としたのかという疑問について説明する必要があるだろう。考え得る範囲で試みよう。（私たちは，目にみえる事実のみを扱おうとしたのであり，疑問を「説明する」という態度はできるだけ避けようとしてきたはずである。）

まず，犯行行為供述で語られた出来事には，そもそも他者が存在していなかったという説明であるが，これはあり得ない。犯行行為は，その本質的構成要素として，被害者である正美ちゃんという動作主の存在を前提としなければならないからである。

次に，なんらかの忘却メカニズムが働いたことによって，正美ちゃんの行為だけが忘却された可能性であるが，心理学における記憶理論によれば，このような形での忘却は極めて考えにくい。通常，出来事の忘却は，焦点となっている事象の一部が選択的に欠落するという形はとらず，出来事の骨子を保持したまま，些末な箇所から徐々に忘却が進んでいくはずである。したがって，行為の焦点となっている事象は忘却されにくいはずである。私たちの扱ったこの事件の場合，犯行行為の実行者にとって正美ちゃんのさまざまな反応が些末な事象であるということは考えにくい。正美ちゃんはまさに事件の中核に位置しているからである。このように考えていくならば，人間の自然な忘却のメカニズムによって正美ちゃんが，須賀氏の記憶から選択的に消え去ったということも考えにくい。（私たちは，それが心理学における記憶理論であっても，既存の理論のあてはめについては避けようとしてきたはずである。）

最後に，犯行行為の供述を行った時点では，須賀氏は自分を犯人として認めており，あえて正美ちゃんの行為だけを意図的に削除する必然性はまったくないことは明らかである。（意図的といった，個人の内面を想定させる概念を私たちは排除してきた。また，必然性という言葉は，典型や理想像を根拠にした判断である。こうした考え方も私たちは排除しようとしてきたはずである。）

このように，さきの「疑問」を解決する試みは，いずれも失敗に終わることになる。「行為連鎖的想起」という須賀氏の特徴が犯行行為供述においてのみみられないことについて，合理的，あるいは，心理学的に妥当な説明を与えることはできないのである。ゆえに，犯行行為供述を「須賀氏の体験の記憶に基づく想起」とみなすのならば，不都合が生ずることになる。

3節　裁判の現場へ

　さて，こうしてまとめられた私たちの鑑定書は裁判においてどのように評価されたのだろうか。実際には，私たちの鑑定書は控訴審での証拠調べには間に合わず，弁論要旨に資料として添付され，その概要がしるされた。そこでまず，佐藤弁護士らが第二審の東京高等裁判所に提出した「弁論要旨」（平成8年1月18日付）をみてみよう。

　　　弁護人らは，須賀が無実であれば，須賀の公判廷での自白それ自体に須賀が無実であることの徴表が現われているはずであるとの観点から，須賀の公判廷の自白を心理学的に分析することを試みた。
　　　本弁論の末尾に添付した「殺人等被告事件須賀供述研究報告書」及びその添付「資料」がその成果である。詳細は，右報告書に譲るとして，その概略を記しておく。
　　　（引用者中略）
　　　この心理学的分析は，定性的考察を加味した定量的分析に基づいて，須賀の自白の信用性を論じたものであるが，捜査官によって調書の形で録取された自白が大半を占める我が国の刑事裁判において，自白の逐語的検討の重要性を教えると同時に（従って，特に重大事件においては，被疑者の自白のテープ録音が必要なのである），須賀の公判廷の自白（及び捜査段階の自白）の虚偽を，それ自体に即して明らかにしたものとして，極めて重要である。
　　　要するに，須賀の公判廷供述は，それ自体を分析することによっても，虚偽である可能性が極めて高いと言わなくてはならない。（455～456丁）

　このように，弁論要旨においては，かなり肯定的な評価をもって私たちの鑑定書が引用されていることがわかる。
　では，これを受けた東京高等裁判所の判決はどのような評価を下したのだろうか。私たちの鑑定書について名指しで評価した部分は残念ながら認められなかったが，それに関連すると思われる箇所は発見された。次の部分がそれにあたる。

　　　所論（引用者注：弁護人の主張）は，須賀の自白には，被害者正美の様子や同女との会話内容に関する描写が非常に乏しいと指摘するが，正美は当時四歳と幼

く，誘い出してから殺害するまでの時間が比較的短く，また，その間の行動も自転車に乗せ，手を引いて歩いたというもので，特段変わったことがあったわけではないのであるから，幼児と交わしたたわいもない会話の一部始終を記憶していないからといって，不自然とはいえない。そして，須賀は，通算10年以上，保育園や幼稚園で園児送迎バスの運転手を勤め，幼児の扱いには慣れており，その風貌，態度，語り掛けの口調などの点で，幼児に警戒心を起こさせないものを持っていたことが窺われるのであり，自転車に乗るのが大好きだった（母親*の平成3年12月6日付司法警察員に対する供述調書，原審検甲33号証）正美が，格別抵抗することなく須賀の自転車の荷台に乗り，運動公園方面へ連れられて行ったことに，特段不審な点があるとは思われない。

（＊　判決文では実名）

この判決は，私たちが可能な限り避けようとしてきた事実の「解釈」に深く立ち入っている。「解釈」という土俵で供述を評価することが妥当ではないことを，私たちは一貫して主張してきた。この土俵に裁判所が依拠する限り，私たちの言葉を届かせることはできないだろう。なぜ私たちが，文体分析などという方法を敢行しなければならなかったのか。その真意は伝わらなかった。

なお，第二審判決の後，足利事件弁護団は最高裁に上告したが，2000年7月17日に最高裁の決定により上告は棄却され，2002年3月現在，再審請求準備中である（本書初版出版後の2010年3月，宇都宮地裁における再審判決公判にて無罪が確定した）。

4節　供述心理学の視点から

私たちは，さきに，「文体分析」のもつ3つの特徴について整理しておいたが，これをもう一度確認しておこう。

① 「供述内容の評価」ではなく「供述形式の評価」を行ったこと。
② 「供述の外部にある既存の基準」ではなく「供述内部から導かれた基準」を用いて供述評価を行ったこと。
③ 「供述の真偽の評価」ではなく「供述の体験性の評価」を行ったこと。

このうち，①については，私たちがそれにいたった軌跡を述べてきた（「1　分析

までの道のり」参照)。また③についてもすでに説明済みである。分析を一通り終えた今,②の供述評価の外部基準の問題について議論するとともに,さきに保留しておいた「能力概念を用いた供述評価」の問題についても検討を試みたい。

　実は,この2つの問題は,私たちが専門とする心理学およびその周辺領域の関心からみてもとくに議論を深める必要がある問題である。本節では,これらが孕む問題点について一通り議論したのち,両者の背後に横たわるより大きな問題について検討を進めることにする。

(1) 供述外部の評価基準に照らして供述を評価することの問題

　まずは,供述の外部にある評価基準に照らして供述評価を行うことの問題点を取り上げよう。判決文において供述の評価に言及される際には,供述内容の「具体性」・「迫真性」・「合理性」・「一貫性」といった基準が引き合いに出されることが多いことはすでに述べた。これらは,供述の外部に存在する既存の評価基準の典型例である。判決ではしばしば,供述内容が「具体的で迫真性があり,合理的で一貫している」ということが,その供述を事実として認める際の強い根拠になっている。

　しかしながら,こうした基準が適用される際には,その具体的根拠が明確に示されていない場合が多く,また,それぞれの基準がどういったレベルまで到達すれば事実として認められるかといった点についても,判決文において明確に言及されることはほとんどない。したがって,こうした判断に対し向けられる批判のほとんどは,基準を明確にしないことによる客観性の甘さに向けられることになる。しかし実は,こうした批判に耐えられるように基準を明確化・細分化し,客観的基準を確立したとしても,問題はいっこうに解決されないのである。その理由を説明しよう。

　ここでは,「迫真性」という属性を例にとってその問題点について具体的に考えてみたい。今,いくつかの体験供述（体験に基づいた供述）に見いだされる「迫真性」の特徴が,客観的な手続きを経て「体験供述に特有な迫真性」として抽出され,いくつかの項目に整理されたとしよう。そして次に,これらの判別基準としての妥当性を検証するため,体験供述もしくは非体験供述であることがこれまでに明らかになっている過去のすべての供述（物的証拠によって体験か非体験かが明らかになった供述）に対し適用したところ,100%の判別力が得られたとする。

　さて,この「迫真性の基準」は完璧であるといえるだろうか。「100%の判別力」が得られたのであるから,現在の時点においてこれは完璧な判定基準といえよう。しか

し，未来という時間を考慮したとき，それは100%であり続けられるだろうか。おそらく，この迫真性の基準は，間もなく役に立たなくなることは想像にかたくない。いうまでもなく，この基準はそれ以前の供述に対し100%の判別力をもっているのであって，「それ以後」になされる供述に対してはその限りではない（ちなみにこれは「帰納の問題」と呼ばれるもののバリエーションである）。

また別の可能性として，こうした基準を利用（悪用）して偽の供述を作り出す者がいたとすれば，もはやこの基準によってそれを評価することは不可能になる。この場合，偽りの供述を評価すべき「基準」は，未来において偽りの供述を作成するための「資源」に成り代わってしまうのである。個々の供述から独立した一般的基準が確立されるとき，それは，客観性を獲得すると同時に，公共性，すなわち，だれにでも自由に利用可能な資源としての地位も獲得するのである。

以上から，判断基準なるものは，明確化・細分化し，客観性を獲得すればよいというわけではない。こうした判断基準を「一般的」基準として現在問題としている供述の外部に確立すること自体が危ういことだといわざるを得ないのである。

それでは，こうした途をあきらめ，供述評価を裁判官の主観にゆだねる方法をとれば，どうなるだろうか。評価基準としては確立されないものの，これもいわば「供述の外部にある評価基準」の1つにちがいない。以下に，その妥当性について検証してみよう。

裁判官の経験則に基づく主観を，供述の信用性判断の根拠として支持する者は次のように述べると思われる。「経験豊かな裁判官は，事実に基づいた供述と偽の供述とを区別する基準を客観的な形で明確に示すことはできないが，長年の経験によってそれを見分けることはできる。それが裁判官の技能といわれるものである」，と。それでは，この言及が正しいと仮定してみよう。これに従えば，裁判官の身につけた技能は，過度に神秘化されたものでなく「長年の経験」によって学習されたものであり，それはだれもが一定の期間を経て習得可能な技能ということになる。では，その技能を習得できた人物が，仮に悪意をもって「偽の供述」を作り出したとしよう。このとき，当該供述の事実性はいったいだれによって判断され得るのであろうか。いうまでもなく，裁判官はこの人物とほぼ同等の技能をもつことになるわけだから，その事実性と虚偽性の区別を判断することは不可能である。この問題を解決するには，いわば神的な高みに立つ超越者的な裁判官が要請されることになるが，これは当初の仮定に反するばかりか，極めて非現実的である。供述評価を裁判官の主観に還元する方法も，こうした危うさを孕んでいる。

3章　足利事件―「その人らしさ」を規定するもの―

以上のように，供述の外部にある「評価基準」なるものは，客観的なものであろうと，主観的なものであろうと，正しく機能しない可能性を常に孕んでいるのである。

（2）能力という概念を用いて供述を評価することの問題

次に，「1　分析までの道のり」において保留しておいた，能力という概念を用いて供述を評価することの問題について議論しよう。

さきに，私たちは足利事件の内容に即してその危険性について強く示唆したが，実際には，供述を行った当の個人の能力の問題は裁判において重視されている。とくに，行為に先立つ「原因」として能力をとらえる見方は，法廷のみならず私たちの日常においても非常に根強いものであり，そうやすやすと撤回されるようなものではないだろう。供述評価の際には能力を切り離して考えよ，という提案は，拒絶反応をもって迎えられる可能性が高い。私たちは，根気よくこの問題について議論を深めなければならない。

ここでも具体的に考えてみよう。「能力が原因になって行為が発生する」という考え方は，言い換えれば，「Aの能力」があるから「Aの行為」が可能になる，もしくは，「Aの能力」がないから「Aの行為」が不可能になる，という発想である。はたして，現実はそのように単純であろうか。

反証をあげてみることにしよう。「～の能力がない」といわれていた人物が，ふとその行為ができた，としよう。こうした事態は稀に生じるのではなく，私たちが成長してきた過程を振り返ってみれば明らかなように，まさに毎日この連続であるはずだ。この場合，能力は行為の原因になっていないことは明らかである。これと同様の現象は，私たち成人の日常においても頻繁に起きている。たとえば，「できないことをなんとなくしていたら，たまたまできちゃった」というケースもそうだ。これらに共通するのは，「できるからやった」のではなく，「やったからできた」という事態であることに注意したい。能力は必ずしも行為の「原因」ではないのである。

では，逆に，行為の「結果」として能力をとらえることは妥当だろうか。すなわち，「やったからできた」ことをもって，「能力が得られた」とみなせるだろうか。能力と行為の密接な結びつきを解きほぐすため，この点についても具体的に検証してみよう。ある人物が，それまでできなかった行為を行い，その結果，その「能力がある」とみなされたとする。しかし，その行為が偶然に生じた一回性の出来事だったことが後から判明したとすればどうなるだろう。おそらく「能力がある」という判断は取り消さ

ざるを得なくなるだろう。

　もしそうであれば，その行為が何回以上成功に至れば，「能力がある」とみなされるのだろうか。3回くらい連続して成功できればよいのだろうか，それ以上だろうか？また，たとえ連続して成功できたとしても，その直後から延々と行為の失敗が続けばどうなのだろうか。時どき成功して時どき失敗する場合についてはどうなのだろうか。

　いったい，彼はどのように行為を成功させれば，「能力がある」とみなされるのか。このような問いを正面から突きつけられると，答えることは困難である。なぜだろうか。それは，能力というものが，行為に一対一対応する客観的な評価ではなく，それまでの行為の成功に対し暫定的に与えられたラベルに過ぎないからである。すなわち，能力とは，「行為の結果」と等しくはない。これは，忘れられがちだが極めて重要な事実である。

　したがって，さきに述べた問題とあわせてみると，次の命題に導かれる。「能力は必ずしも行為の原因ではないし，能力は必ずしも行為の結果でもない」。本来，行為と能力は，別の次元で考えるべきものである。これまで説明してきたように，行為は具体的な形で現れるものであるが，能力は，抽象的で曖昧な概念として用いられることが多い。この両者を同一次元で結びつけて説明することには過ちが潜んでいる。能力という概念を用いて供述を評価することの根本的問題は，ここにある。

（3）裁判において「個人」を扱うことの意味

　以上のように，供述評価に際し用いられてきたこれら2つの方法（供述の外部の評価基準に照らし供述を評価すること，および，能力という概念を用いて供述を評価すること）はそれぞれ深刻な問題を抱えているが，両者の背後にはさらに大きな問題が横たわっている。それは，一言でいえば，「個」に対する視点の欠如である。これまでの議論を振り返ればわかるように，「能力」とは個別性を排除した抽象的な概念であるし，「評価基準」も供述の個別性を捨象したうえで構成されたものであった。

　裁判において扱われるのは，匿名の者による供述ではなく，ある特定の個人によってなされたものである。したがって本来，供述鑑定とは，「個」を扱うことのできる方法論をもって行われるべきものである。しかしそれは，当該個人に「主観的に」感情移入する類のものであってはならないし，また，統計において「客観的に」数として処理されるような性質のものであってもならない。本章のサブタイトルとして掲げた「その人らしさ」という言葉は，このことを問題にしていたのである。

それでは，私たちの文体分析は，はたして「須賀氏らしさ」という個別性を掬い上げることに成功したのだろうか。本章の最後に，裁判において「個人」を扱うことの意味について議論してみよう。

　私たちが専門とする心理学という学問分野を例にとって議論を進めてみよう。「心の学問」という看板を掲げる心理学も，症例を取り扱う臨床心理学を除けば，ほとんどの領域において「個人」という存在に対し，さしたる注意を払ってこなかった。近年は事例研究という名目で個人を対象とした研究が増加しつつあるが，多くのものは未だに普遍的な法則性を導くことにエネルギーを費やしている。こうした研究においては，ある程度の規模の被験者（実験を受ける者）あるいは被調査者から得られたデータを，統計処理によって整理する方略がとられてきた。ここでは被験者としての「個人」は全体の平均からのズレ（量的偏差）として処理されてしまう。

　さらに，こうして導かれた法則を1人の人物に対して援用しようとする際にも，「個」という存在の意味は忘れられがちである。さきにふれた「帰納の問題」を思い出して欲しい。被験者1,000人すべてに共通した心理学法則があったとしても，今目の前にいる人物はそれまでとまったく異なる結果を出す「1,001人め」である可能性があるはずだ。ここでは，私たちが日頃いだいている100%という意味が大きく変更を迫られ，同時に，確からしさというものに対する構えも変更せざるを得ないはずである。この問題は，被験者がたとえ10,000人であろうと，10,000,000人であろうと本質的に変わらない。

　いうまでもないことだが，個人とは，数字や法則といった抽象的な属性，もしくは，いくつかの大まかなカテゴリーのなかに吸収されるべき存在ではなく，他の何ものにも代えることのできない唯一の存在としてとらえられなければならないだろう。徹頭徹尾，個人という存在が問題にされる裁判においては，毎回が特殊・個別事例であることを念頭に置かなければならない。

　なお，ここで注意していただきたいのは，個別的な事象を抽象化したり，その分析過程においてなんらかの法則を導こうとする姿勢が問題だ，という主張を私たちがしているわけではない，ということだ。たしかに，私たちの文体分析においても，それはある程度行われている。問題になるのは，それが「個別性」を超え出る場合である。

　文体分析の方法論は，あくまでも，その人物の供述内にみられる，あるパターンを導こうとするものであった。それは，個別性を奪うものとしての法則ではなく，むしろ，その個人がその個人であることを保証するもの，すなわち「その人らしさ」を体現しているパターンとしての文体であった。それは，主体が行う供述という行為に

「内在する」パターンであり，供述の外に存在してあてはめられることを待っているような法則ではない。もちろん「内在する」とはいっても，それは主体の内部に実体化してあるものではない。文体は，主体の置かれる状況や語りの場に同席する他者によっても大きく変化する可能性はある。

こうしたことをふまえ，須賀氏の文体を振り返ってみるなら，それは他者とのやりとりの最中に一貫した文体特性を示していたことに気づかれるだろう。彼は，そのつど自分なりの一貫したやり方で適応を続けている能動的で個性的な存在であったことが示唆される。彼は，多くの人がすぐさま思い描くような「知能が低く受動的で周囲に安易に迎合するような人物」ではない。

ここで，バートレットにまつわる議論を思い起こすなら，こうした文体はまさに彼のいうスキーマのバリエーションの1つであることに気づかれよう。私たちが見いだした須賀氏の文体は，彼の内部に閉じ込められた実体的な存在でもなく，また，社会的関係に還元されるような相対的なものでもない，一貫した「須賀氏らしさ」というスキーマなのである。

(4) 文体分析の一回性

文体を発見するためには，文字通り虚心坦懐に供述を読み込む地道な作業を続けなければならない。もしそれなしに分析を行おうとすれば，すなわち，事前に準備された法則や理論を安易にあてはめようとすれば，私たちがこれまで批判してきたような過ちを招く可能性がある。

私たちが今回用いた分析の具体的な道具は，本事例一回限りしか適用できないという性質をもつことを強調しておこう。私たちは，このことを重要なことと考えている。まさにその「一回限り」ということにこそ，ある個人が起こした一回性の事件（もしくは冤罪）を扱う方法論の意義が凝縮されている。

これまでみてきたように，私たちの文体分析には，正直いって，洗練された装いはない。しかし，あらかじめ美しく整備された物差しで次つぎと対象を分析していくことが洗練された装いだとすれば，私たちはあえて，不器用で素朴にみえる文体分析をそのつど苦心しながら用いていくはずである。

供述が抱える問題は，普遍性をもつとは限らないし，法則らしきものに還元されるとも限らない。そのつど提起され，そのつど解決される形でそれは存在している。私たちが供述鑑定において扱っているのは，まさにその種の問題なのである。

※本章は,「対話特性に基づく心理学的供述分析(上)―足利事件被告人Ｓの公判証言を素材として―」(原・松島・高木, 1996)」,「対話特性に基づく心理学的供述分析(下)―足利事件被告人Ｓの公判証言を素材として―」(原・高木・松島, 1997),「個の『言葉』,個の『事実』」(松島, 2001, 札幌大学女子短期大学部紀要第37号)の３点の論文に大幅な加筆修正を施したものである.

さらに足利事件について詳しく知りたい方へ

原　聰 1996 供述分析―体験への進入―　佐々木正人(編)　想起のフィールド　新曜社, 155-158.

小林　篤 2001 幼稚園バス運転手は幼女を殺したか　草思社.

松島恵介 1996 対話における「過去」の存在―心的過去を巡る対話の分析―　実験社会心理学研究, 36, 170-177.

佐久間哲 1998 魔力ＤＮＡ鑑定―足利市幼女誘拐殺人事件―　三一書房.

4章 甲山事件 −コミュニケーションの軌跡を追う−

　知的障害児童収容施設甲山学園で，園児2人が水死体で発見された。この出来事は「殺人事件」とみなされ，同学園保母が逮捕された。この保母，山田さんが，死亡した園児の1人を園児寮から連れ出すのをみたという内容の供述が，数名の園児から得られた。事件発生後約3年が経過してから初めてでてきた，この目撃供述ははたして信用できるのか。複数の供述が変遷を繰り返しながら，互いに食い違う箇所が解消されていく過程がそこにはあった。変遷の原因を取調官の誘導や二次情報の影響に求める立場がある一方で，供述者が精神遅滞であることに原因を求める立場があった。依って立つ見解の違いから，裁判所の判断は一審で無罪，二審で審議差し戻しとめまぐるしく変わった。いったいどちらの立場が正しいのであろうか。差戻し一審で，供述鑑定を依頼された私たちは，足利事件に引き続き，またしても解釈の泥沼に陥っていた。

　出口を見失っていたそのとき，「原一審鑑定とは異なった視点での分析，コミュニケーションに着目した分析をしてもらえないか」という，依頼当初に弁護団から投げかけられた言葉を，私たちはふと思い出した。供述者と尋問者のコミュニケーションの実際の姿をみる。はからずも足利事件と同じ展開になった。ひたすら公判廷の速記録を読み込むうち，この事件では供述者単独の発言ではなく，供述者と尋問者のやりとりを分析単位とすることが適切だと，私たちは気づいた。この分析をとおしてみえてきたもの。それはコミュニケーションのなかでこそ姿を現す供述者の個別性であった。

1節　分析までの道のり

(1) 甲山事件とは

　兵庫県にある知的障害児童収容施設甲山学園（現在は廃園）で，1974年3月17日，園児の道子ちゃん（仮名）が，次いで19日，やはり園児の聡君（仮名）が行方不明と

なった。そして同日夜，園児寮裏手の浄化槽のなかから，2人の水死体が発見された。4月7日，学園保母の山田さんが逮捕されるが，4月28日証拠不十分で処分保留のまま釈放された。そして翌1975年9月23日，神戸地検は証拠不十分を理由に，不起訴処分を決定した。しかし聡君の遺族の不起訴処分不服の申し立てを受け，神戸検察審査会は1976年10月28日不起訴不相当の議決を下した。神戸地検は捜査を再開，新たな証拠の発見をめざすことになる。

2人の園児の死去から約3年後，元園児正岡利博（仮名）の供述を皮切りに，数名の元園児たちから新たな供述が飛び出した。「山田先生が聡君を園児寮から連れ出すところをみた」との正岡君による目撃証言がきっかけとなり，1978年2月27日山田保母は再逮捕され，ここに甲山事件と呼ばれる超長期裁判が開始されることになる。山田さんの容疑は聡君殺害。道子ちゃんは事故死とされた。冒頭陳述で同定された殺害の動機は次のようなものであった。道子ちゃん行方不明時，ただ1人勤務していた山田保母は，自分に殺害の嫌疑がかけられるのではと思い悩んだ。そこで，他の職員が当直勤務中にも園児が行方不明になれば，自分に道子ちゃん殺害の嫌疑がかかるのを避けることができると考え，聡君を浄化槽に投げ込み，殺害した。

理解しがたい動機である。しかし検察は，さまざまな証拠をもって山田さんの容疑を固めようとした。その1つが，事件発生後約3年を経て得られた，元園児たちによる新供述である。そのなかで中核を占める正岡君による目撃証言，および，正岡君の目撃体験の存在を裏づける他の園児たちの証言は，第一審で，そして，以後の裁判でも大きな争点であり続けた。

（2）裁判の経過

第一審の特別弁護人として意見陳述を行ったのは，私たちを供述心理学へと導いた浜田寿美男であった。彼は，同一園児の供述調書を作成日順に並べ，同一園児内に現れる供述の変遷と，園児間に現れる供述の奇妙な符合に着目した。正岡君の目撃証言を中核として，元園児5人の供述が連動するように相互の矛盾が解消されていく過程が，そこには現れていた。浜田はこの変遷過程に，園児らの記憶違いや知的能力には還元できない，取調官の誘導の痕跡を指摘した。またとくに，正岡供述においては，新聞・テレビ報道など伝聞による二次情報の影響を指摘した。

甲山学園が知的障害児童収容施設であったことからうかがい知れるように，元園児たちはなんらかの知的問題を抱えており，いわゆる知能指数も健常者に比べ数段低か

った。したがって，園児供述の信用性判断を行うにあたっては，この「知的能力」の問題が先入観として働きやすい状況にあった。しかしながら，能力論による判断の危険性は，3章の足利事件で述べた通りである。浜田意見書の意義は，能力論の罠に陥ることなく出来事に忠実に分析を進めたこと，言い換えれば，取り調べおよび公判廷の過程において，元園児たちが発した発言のみに基づいて，結論にいたったことにある。

　再逮捕，起訴から7年めにあたる，1985年10月17日，甲山事件第一審は判決のときを迎えた。判決は無罪。弁護側の主張のおもなものはすべて受け入れられた。第一審判決は，元園児の新供述をどう評価しているのだろうか。また浜田の意見はどのように評価されたのだろうか。

　判決は元園児による新供述に対し，厳しい評価を下している。新供述の中核をなす正岡君の目撃証言に対しては，伝聞による二次情報の混入，目撃の核心部分にみられる変遷の非合理性など，浜田意見書に沿った評価がなされていた。浜田が一貫して避け続けた能力論の罠についても判決は次のように述べ，浜田意見書の分析態度を支持していた。

>　その証言や，これの母体となっている捜査段階の供述，とくに新供述と呼ばれているものの証拠価値を検討・判断するについては，精神遅滞者であるからといって特殊な問題があるわけではない。知能程度が優れていようと劣っていようと，事件後間もないころの犯行との結び付きをうかがわせる供述をしていなかった者が，常識では考えられぬ程経過した時期になって，にわかに犯行を裏付けるような重要な供述をはじめた場合，格別の理由がない限り，軽々しくこれを有罪認定の証拠とすべきではないという平凡かつ一般的な採証法則の適用で足りる場面での問題に過ぎないのである。（21丁）

　一方，検察側は，数名の心理学者や精神科医に，元園児証言の信用性鑑定を依頼していた。彼らは次のような鑑定結果を導き出していた。「本児の供述している事柄は，つまり供述にかかわる事実は，具体的事実に関するものであり，そこには高度の知的操作や抽象的思考を要するものではなく，日常生活内において生起する範囲内の具体的，経験的な事実であって，本児の能力の範囲内において認知しえるものである。本児の日常生活を営んでいる場で，熟知している関係人の間において生じた，認知した事実に基づいて供述しておりその信用性は高い。」「言語によってこうした事柄（引用

4章　甲山事件－コミュニケーションの軌跡を追う－

者注：目撃証言の内容）を学習させることは困難と言える。」「小児の場合，対象の認知が全体的で，主観的であるため，細部において事実に反する供述をすることがまま生ずる。」これらの文言に代表されるように，彼ら鑑定者の視点は能力論にあった。

　彼らは次のように考える。供述の信用性は，最終的には個人に帰属される能力，性格に基づいて判断できる。心理検査で測定された一般的能力によって特定場面での行為の成否が決定される。

　これに対し，浜田はこのような能力論の危険性を念頭に置き，個別の供述場面における言動が個人の能力のみによって評価できないことに留意しながら，信用性の判定を行ったのであった。そして第一審判決は，彼の慧眼を正しく評価していた。

　検察は，第一審判決を不服とし，1985年10月29日，大阪高裁に控訴を申し立てた。そして1990年3月23日，大阪高裁は第一審判決を破棄し，審理を神戸地裁に差戻した。弁護側はすぐさま上告するも，1992年4月7日，最高裁は上告を棄却，差戻し一審が開始されることとなる。

　大阪高裁が第一審判決を棄却した理由は，第一審が証拠の評価を十分に尽くしていないからというものであった。元園児の供述についても第一審の判断を次のように批判している。

　　　検察官において「園児供述」の信用性を判断するためには，各園児の知的構造，能力についての専門家の意見を聞く必要があり，かつ，これに対する知見と認識に基づいて，各園児の取調経過及び供述時の状況，各園児に対する罪証隠滅工作等の影響を検討する必要があるとして取調請求したこれらの関係各証拠をことごとく却下する等した結果，右園児の供述の信用性の判断を誤り…（5丁）

　　　精神遅滞者とこれと精神年令を同じくする健常児との間で決定的に異なるところの供述特性が認められるか否かの点はさておくとしても，一般的に年少者の観察力は即物的であるとはいえ，認識し理解できる範囲内の出来事について年長者のそれに劣るとは必ずしもいえず，また，一度固定化されたものは，自己の利害得失や相手の立場を考えるなどの偏見に基づく虚言の可能性が少ないといえる特性のある反面，その知的発達が十分でないため，自己をとりまく人間関係やその置かれた環境等の影響を受けやすく，一方，知的能力，言語能力が十分でないことから，質問の意図を理解したうえでの関連づけた思考が困難で，その供述する事実の全てにわたって一貫しない面があったり，また，ひとつひとつについて合

理的に整合する理由づけが十分できないきらいがみられるなど，その供述内容には自ずと限界があることが否定できないので，その供述の信用性を判断するにあたっては，絶えず知的能力や表現力を考慮し，供述内容の合理性や一貫性の有無のみの判断にとらわれず，その供述事項，すなわち，認識対象の難易やその知覚過程，さらには供述者が置かれている環境，供述時の状況等を総合しながら…十分な検討が加えられることが必要である。(27〜29丁)

　正岡の新供述は，目撃したその事実ばかりでなく，その際の自己の行動等についても詳細，かつ，具体的であって，前記のとおりその精神年齢が6，7歳にすぎない同人の知的能力から考えると，全く体験していない事実について右のような情報（引用者注：二次情報）のみからその供述するような目撃内容やその際の自己の行動について詳細で，かつ，相互に大きな矛盾のない描写を含む「物語」を作り出すことは困難と考えられる。(84〜85丁)

いずれの抜粋にも，園児の能力を考慮して供述の信用性を判断すべきであるという，能力論への回帰が現れている。供述が一貫していなくても，不合理な変遷が生じていても，それは園児の知的能力の問題を考慮すればあり得ることであるし，逆に，そうした知的能力ゆえに，二次情報をもとに物語を作話することは困難であるから，園児供述を虚言と断じることはできないという考え方である。これまでの議論から明らかなように，この論理は不適切である。このような大阪高裁の判断は，能力論の罠に陥っている。精神遅滞を引き合いに出す能力論は，いかなる主張に対しても，その妥当性を補強するために，どのようにも用いることができる。控訴審判決は，浜田が，そして，第一審判決が回避し続けた能力論に立ち戻ってしまった。いかにして能力論の罠から，再度抜け出すことができるのだろうか。1993年2月，差戻し一審が始まった。

（3）鑑定依頼

　差戻し一審が始まって3年後の1996年，私たちは，甲山事件弁護団から鑑定依頼を受けることになる。最初の依頼は私たちが行っていた東京供述心理学研究会の最中，弁護団からの伝聞として通達された。「浜田意見書とは別に，今回の裁判で新たな分析証拠を提出したい。元園児供述のコミュニケーション分析をやってほしい。」そんな内容だったと思う。浜田意見書の二の矢としての役割は，私たちには正直いって重

く感じられた。さらに，依頼内容にある，供述のコミュニケーション分析とは何なのか。会話のなかの想起，会話としての想起という視点に立って研究を始めていた私たちではあったが，コミュニケーション分析によって供述の信用性判断がどのように可能なのか，見通しはほとんどなかった。法廷における会話のコミュニケーション分析，あるいは会話による過去の共同的構成などの先行研究があるにはあった。しかし，合議された過去の漸進的達成という結論にとどまり続ける社会構成主義的研究と，供述の真偽判断という私たちの課題の間の関係は微妙であった。想起を個人の能力に還元しない点では，両者の態度は一致していた。しかし，私たちは，先行研究のように，相互行為の様態を描写するだけではすまされず，想起者としての個人について語らなければならないのだ。

　毎度のごとく，私たちは，調書を丹念に読み進める作業から始めた。新供述の中核となった元園児，正岡君の調書一式のコピーを弁護団から送ってもらった。ひたすら読んで気づいた点をメモにとる。これまでの経験上，おのずからメモにとられる視点は，浜田流分析の色彩が濃いものとなる。時系列順に並べ，変遷を追う。コミュニケーション分析をといわれていたにもかかわらず，供述調書の変遷分析と正岡君の発言の内容に私たちは拘泥していた。この正岡君の発言は，目撃体験を有する者の発言といえるだろうか。こうした問いかけが続いていた。

　弁護団が私たちに何を期待しているのか図りかねていたことも，分析方針を定める障害となっていた。試行錯誤を繰り返すなか，甲山事件弁護団の麻田光広弁護士と会う機会がやってきた。麻田弁護士は，原一審以来の古参であるから，すでに15年以上甲山事件に関わっていたことになる。甲山事件の直接の関係者と話をするのはこれが初めてであった。私たちは，弁護団の意図を，麻田弁護士は弁護団の代表として，私たちの鑑定人としての可能性を探っていたように思われる。どんな話がなされたのか詳しくはもう覚えていない。唯一記憶に残っているのは，麻田弁護士の次のような言葉である。「この供述が本当のことをいっているのか，いっていないのか，はっきりと結論を下せるような心理学の方法というものはないのか。」弁護士が心理学者に期待することが同じであるのか，心理学の通俗的なイメージがそう語らせるのか。そんな方法があれば，浜田意見書のような苦労は必要ないはずである。浜田とともに原一審をくぐり抜けた麻田弁護士ならすでに十分承知していることだろう。能力論に陥ることなく供述調書を丹念に読み解いて目撃体験の不在を証明しようとした浜田意見書，および，その態度を支持した原一審判決を，能力論の立場から差し戻されてしまったことによる焦燥や虚脱感が，叶うはずもない希望をふと口に出させてしまったの

かもしれない。私たちの回答は，当然のことながら「NO」であった。予期していた答えだったのだろう。麻田弁護士は，その日別件の仕事があり，足早に会合の場から立ち去っていった。私たちは改めて課題の困難さを実感していた。

（4）浜田意見書の後追いとその帰結

浜田意見書の後追いをするように，私たちは，員面，検面を主たる資料として分析を続けていた。供述調書を時系列順に配列し，変遷の過程を追う。変遷の理由としての他者の介入の痕跡を推定する。不合理な変遷には尋問者による誘導，二次情報の混入を疑う。あるいは，一般的基準に照らし合わせて，発言内容そのものから供述者の体験の不在を推測する。私たちは尋問コミュニケーションがみえない資料に依拠しながら，尋問コミュニケーションの姿を推測するという作業を行っていた。

私たちが分析を開始してから数か月ほど経過したころだろうか，被告人の山田さんが私たちの研究会を訪れることになった。分析の進展を自分自身の目で確かめたかったのだろうか。当日の報告では，浜田流の変遷分析と正岡君の発言内容の吟味が中心であった。私たちのもの言いは，「このような変遷（あるいは発言内容）は目撃体験をもつ者としてはあり得ない」という形式が主体であったように思われる。

正岡君が目撃体験を語るなかで，自身の移動を述べる箇所がある。山田さんが聡君を園児寮から外へ連れ出す一連の光景を，正岡君は見つからないように場所を少しずつ変えながらみていたという。そのときの正岡君の移動に関する表現には，移動行為と移動地点が断続的に現れていた。この部分を私たちは次のように分析した。もし体験があれば，移動には動機や理由が付随して，ひと続きの流れのように語られるのが普通であるだろう。したがって，正岡君の発言は体験に裏づけられているとはいえない，と。この論理展開は，浜田流分析でよく用いられる，「心理の流れ」という考え方に依拠している。これに対し，ある障害者施設に勤務する出席者から，次のような反論がなされた。「ある種の知的障害をもつ者には，自分の行為を断続的に語る傾向がある。まさにその供述のように」，と。これは代表例であるが，「一般的に体験を有する者はこのような供述はしない」というもの言いは，能力論からの反論を許してしまう。供述者の発言内容に拘泥する分析では，能力論批判への有効打とはなり得ないことが示された。さらに，変遷の背後に誘導や二次情報の影響を推測したとしても，それは1つの可能性の提示であり，他の可能性を排除することまではできないのではないか。つまり，妥当な解釈が複数存在する余地を残してしまうのではないか，とい

う批判がなされた。

　始終このような厳しい意見が飛び交うなか、発表は惨憺たる結果に終わった。山田さんもコメントを求められたが、当然のことながら、そこには落胆の色がありありと感じられた。後日、差戻し一審最終弁論で私たちの意見書が読み上げられた後、法廷を後にしようとする山田さんと遭遇した。山田さんはこの日の発表を振り返り、語った。「あの途中報告を聞いたときはどうなることかと大変不安に思いましたが」、と。

（5）公判廷速記録への注目

　尋問の過程がみえない資料の徹底的検討から、誘導や二次情報の混入といったコミュニケーション的要素の存在を推測するという分析方針。その方針をとる限り、コミュニケーション的要素の影響は、後づけ的な説明にとどまる。それは常に、別の形での理由づけの余地を残してしまうことになる。控訴審判決は、この間隙を突いたのではなかろうか。私たちが報告会で受けた批判と、浜田意見書および原一審判決が控訴審から受けた反論は、実はパラレルなのではあるまいか。能力論の罠を回避しようと浜田意見書が取り続けた態度と裏腹に、浜田意見書の分析方針は、能力論による後づけ的説明の余地を作ってしまったのかもしれない。

　能力を説明概念として導入する危険性は、3章の足利事件でも述べた通りである。恒常的な説明原理は、すべてを説明してしまうがゆえに、かえって何も説明しない。しかし、非常にわかりやすいがゆえに、人々がその危険性に気づくことは困難となる。したがって、能力論の土俵に登らないで、供述の信用性を判断することが必要である。それには事実に忠実に分析を遂行することが有効である。これは浜田意見書から学んだ態度ではあるが、私たちは浜田の方針とは逆の方向をめざしてみることにした。すなわち、コミュニケーションから供述調書へ、である。私たちが第一に吟味すべきは、尋問者と被尋問者のコミュニケーション過程が現れている資料、すなわち公判廷速記録ではないのか。「コミュニケーション分析をしてほしい」。弁護団の当初の依頼を思い出した。図らずも、足利事件のときと同じように、私たちは公判廷速記録に着目することになった。

2節　正岡君の公判供述のコミュニケーション分析

　私たちは，正岡君の供述にしぼって，そこでどのような尋問コミュニケーションが展開されているかを忠実にたどることにした。他の元園児4名の証言は，正岡供述に連動していることから，正岡供述の信用性の有無によって，それらの信用性も自動的に評価を受けることになる。

(1) 正岡君の公判供述の特徴

　公判は主尋問と反対尋問からなる。請求側から証人に対してなされる尋問を主尋問，相手側からなされる尋問を反対尋問という。正岡君は検察側証人であったことから，検察官が尋問をする場合が主尋問，被告の弁護人が尋問する場合が反対尋問であった。公判は，計6回開かれている。このうち第1回公判において，正岡君は検察官相手に流暢な目撃供述を展開した。一方，その後の5回の反対尋問では，正岡君の発言に沈黙や「わからない」「覚えていない」などの言葉が目立つように感じられた。検察官の論告はこの点に関し，次のように指摘している。

　　　ステップを踏んだ質問を行えば，表現の仕方は，多少稚拙であっても正確な供述を得ることができるのであるが，同人の原審における反対尋問に対する証言状況を見れば，弁護人の尋問内容が，包括的，抽象的であるがために混乱してしまい，混乱したままで証言し，弁護人において，その混乱した正岡の証言を基にさらに尋問を行うことによって，さらに同人が混乱して証言するという状態が多々あったことが明らかに認められるのである。(126~127丁)

　こうした記述の後，論告は正岡君の能力的限界について指摘し，能力的に劣るから包括的・抽象的な弁護人の尋問には混乱を示したが，ステップを踏んだ検察官の尋問には正確に供述できたから，正岡君の証言には信用性があると結論づけている。
　しかし，尋問の仕方をくふうして，流暢な供述が得られたとしても，供述の信用性には直結しないのではなかろうか。主尋問の場合，事前の打ち合わせや練習が存在する可能性が排除できないので，供述の信用性と流暢な供述との間には容易に関係を認めることはできない。第1回公判の反対尋問において，正岡君は興味深い供述をして

いる。引用してみよう。尋問者は弁護人の高野氏（T）と松重氏（L），被尋問者は正岡君（M）である。

01 T きのうね，笠井のおっちゃん（引用者注：笠井検事）と話，したらしいんだけれども，笠井のおっちゃんが話をするのか，君が話をするのか，どうやってやるの。
02 M 今日したのと同じこと。
03 T まったく同じなの。
04 M はい。
05 T つまったらどうするの。君がちょっと言えなくなって，つまったら。
06 M だからつまった時はもう一回言い直してもらう。
   [中略]
07 T おじちゃんが聞く，そしたら君はどうするの。
08 M …。
09 T 笠井のおっちゃんがあんたに聞くわな。
10 M ええ。
11 T そしたらあんた，どうするの。
12 M 答える。
13 T 答えるわな。答えたら，その答えたので，それでいいのか悪いのかちゅうのはどうやってわかるの。笠井のおっちゃんが君に聞いて，君が答えるわな。なんか言うわな，そしたら笠井のおっちゃんはね，それに対してもう一度言ってごらんとか，間違ってんじゃないのかとか，そういうこと聞くことあった。
14 M はい。
15 T そうしたら，どういうふうにするの。
16 M もう一回言い直す。
   [中略]
17 T 同じことがらについて何回も聞かれたことあった。
18 M はい。
19 T たとえばどのことについて何回も聞かれた，同じことを。
20 M だから一回言うた。
21 T 一回で何。

22	M	一回ぐらい答えた。
23	T	どういうことかな。ちょっとよくわからないけれどもね，笠井のおっちゃんがね，君と話を聞いてる時に，それ違うんじゃないかとかそういうふうに言われたことありますか。
24	M	はい。
25	T	そういうように言われたら，君はどうするの。
26	M	言い直して答える。
		[中略]
27	L	四回笠井検事さんと大前検事さんと練習したうちで，段々上手になってきましたか。
28	M	はい。
29	L	初めのうちは言い間違えて訂正して言うようなこともあったんですか。
30	M	はい。
31	L	それが段々うまくなってきたわけね。
32	M	はい。

（第1回尋問63〜69丁）

後で述べるように，正岡君には質問に対して無反省に「はい」と回答する傾向がある。この点は割り引いて考える必要はあるが，02，06，16，26行などの回答から，事前のリハーサルが行われていたことがうかがわれる。したがってこの主尋問を，適正な記憶喚起と額面通り評価するのは危険である。これに対し，反対尋問は，証人との打ち合わせはまず行われない。したがって，反対尋問は，即興的な想起の場であるといえる。正岡君の供述が，真の目撃体験に依拠した想起であるかどうかを確かめるには，反対尋問こそが資料としてふさわしい，と私たちは考えた。

反対尋問は包括的・抽象的な質問，正岡君の混乱をまねく尋問形態であったと，論告は評している。控訴審判決も次のような評価をしている。

　　…多人数の弁護人によって行われる。事情聴取の状況等その場で初めて聴かれる非日常的な事実についての詳細な尋問や，時には弾劾的あるいは命令的とも思われる尋問を受ける中で，正岡自身尋問内容を理解し得ない状態となり，混乱状況に陥り，次第に尋問者に反感を抱き，投げ遣りになっていたことが窺われる。
　　（57丁）

4章　甲山事件―コミュニケーションの軌跡を追う―

弁護人の質問について「知らない」「判らない」旨の答えや沈黙が多く見られ
　　るのは，能力的に限界のある正岡が前記のような心理状態に陥った結果であって
　　…。(58丁)

　反対尋問は，尋問の質として劣悪であり，正岡君の供述が想起であるかどうかを吟
味する資料としては不適切であるとのニュアンスを，私たちは読み取った。しかし一
方で，控訴審判決は次のようにも述べている。

　　　正岡の立場からみると極めて過酷であると思われる証人尋問であったにもかか
　　わらず，被告人が聡を連れ出した状況についての証言を維持していること…被告
　　人による聡連れ出しの基本的事実については，捜査・公判を通じて原判決が指摘
　　するような理由をもってその信用性を一概に否定できないものと言わざるを得な
　　い。(89丁)

　過酷な反対尋問のなかでも，目撃証言の中核部分は維持されているから，その信用
性を頭から否定することはできないと，控訴審判決はいっている。
　そこで私たちは，目撃証言の信用性を吟味する前に，まず，反対尋問が資料として
用いるに適当であるか否かを客観的に確かめることにした。

(2) 反対尋問は資料として適切か

　被告人による聡連れ出しに関する目撃供述は，第1回の主尋問および第6回の反対
尋問で詳しく述べられていた（第1回尋問23～40丁，49～53丁，第6回尋問92～138
丁，149～173丁）。第2回，第3回反対尋問でも被告人と聡の交渉は語られているが，
量的に少ないことと，第6回反対尋問の内容と重複することから，分析対象より除外
することにした。
　尋問は一問一答形式で進む。回答が返されたか否かを基準に，私たちは正岡君の応
答を「回答可能」「回答不能」の2種類に分類していった。尋問者の質問に対しなん
らかの回答を返している場合は「回答可能」。「覚えていない」等，記憶の欠損を表明
している回答および沈黙した場合は「回答不能」。また，尋問者の質問意図を取り違
えた回答も「回答不能」とした。
　このように1つの質問あたりの回答率を計量すると同時に，私たちは事項ごとの回

答率を計量することにした。ここで，事項とは，同一の出来事や対象に関する一連の質問群のことをさす。一度は回答に失敗しても，その問いが反復されるなかで回答がなされることがある。このような記憶喚起と呼ばれる現象があり得ることを考えると，質問ごとよりは，事項ごとに回答率を計量した方が，正岡君の供述者像を明瞭に知ることができるだろう。

　第1回主尋問は75，第6回反対尋問は118の事項に分類することができた。続いて，事項に対する回答のタイプを次の6種類に分類した。すなわち，事項を構成するすべての問いに回答可能であった場合（○），事項を構成するすべての問いに回答不能であった場合（×），尋問過程で回答不能から回答可能に転じた場合（×→○），尋問過程で回答可能から回答不能に転じた場合（○→×），尋問過程で回答可能から回答不能に転じたが，続く尋問過程で再び回答可能となった場合（○→×→○），尋問過程で回答不能から回答可能に転じたが，続く尋問過程で再び回答不能となった場合（×→○→×）の6種類である。集計結果は表4-1のようになった。

●表4-1　回答タイプとその出現割合

回答タイプ	第1回主尋問		第6回反対尋問	
	項目数	出現割合	項目数	出現割合
○	74	98.7%	79	66.9%
×	0	0.0%	20	16.9%
×→○	0	0.0%	8	6.8%
○→×	0	0.0%	3	2.5%
○→×→○	1	1.3%	6	5.1%
×→○→×	0	0.0%	2	1.7%
合計	75	100.0%	118	100.0%

　第1回主尋問は，1つの事項（○→×→○）を除き，残りの項目すべてが「回答可能」（○）であった。一方，第6回反対尋問の回答率は，第1回主尋問に比べたしかに低かった。しかしながら，単純に回答不能であった事項（×）の割合は，全体の2割に満たず（16.9%），結果的に回答不能だった事項（○→×と×→○→×）を加えても，回答不能率は全体のおよそ2割であった（21.1%）。一方，「回答可能」な項目の割合は，7割に近かった（66.9%）。さらに，第1回主尋問と同じ種類の質問に限定すれば，第6回反対尋問の回答不能率はさらに低下した（16.9%から11.8%に低下した）。「回答不能」事項は20項目あったが，このうち11項目は供述間の齟齬の指摘であった。これは，「いついつの調書では違うことをいっているが，どちらが正しいの

か」といった類の質問である。そして，記憶の有無の確認が2項目（たとえば「…というのは覚えていますか」），行為や判断の理由を尋ねるものが5項目（たとえば「どうしてそうしたのか」「どうしてそう思ったのか」），正岡君の認識について尋ねるもの1項目，目撃対象について1項目である。これらが，論告のいう包括的・抽象的な質問に該当するかは疑問である。仮にそうだとしても，たかだかその割合は2割弱である。この数値をもって，反対尋問における正岡供述が混乱に満ちたものと評価するのは，決して正しい判断とはいえないだろう。

以上のことから，第6回反対尋問における正岡供述の質は決して劣悪とはいえないと，私たちは結論づけた。絶対的な数値からみた場合，「能力的に限界のある正岡が，混乱状態に陥り，次第に尋問者に反感を抱き，投げ遣りになっていった」とする論告の指摘は必ずしも妥当とはいえないのだ。むしろ論告のように指摘することで，正岡供述に関する有益な資料に関する考察が阻止されてしまうことの方が問題だ。私たちが行うべきは，尋問が展開していく過程でどのようなことが生じているかを明らかにすることである。それこそが，供述の信用性の検討につながるだろう。尋問に不適切なところがあれば，個々の尋問過程の分析のなかで，その点を指摘すればよい。次に私たちは，事項を単位に，そこで展開される尋問コミュニケーションの形式を探っていくことにした。

（3）反対尋問にみられるコミュニケーションの特質

控訴審判決は言う。「正岡の立場からみると極めて過酷であると思われる証人尋問であったにもかかわらず，被告人が聡を連れ出した状況についての証言を維持している」（89丁）。ある証言内容が維持されている，一貫しているといった信用性の判断基準がいかに危ういかについては，浜田がその著書で繰り返し主張していた（浜田，1986, 1988, 1991, 1992）。浜田の論考を通じ，そして足利事件を通じ，私たちもその危険性は十分承知していた。私たちは供述内容の評価，真偽判断には踏み込まない。私たちが判断すべきは，体験性の有無である。私たちはこの作業を，尋問コミュニケーションの分析をとおして行おうとしていた。私たちは，尋問者と正岡君のコミュニケーションの様態を，逐次検討していった。

関連する事柄について尋ねられているにもかかわらず，正岡君の回答が可能になったり，不能になったりすることがある。私たちは，まずここに疑問をもった。私たちは，その内部で回答が変転している事項を中心に分析を進めていった。反対尋問にお

ける正岡君の目撃供述は，冒頭から特徴ある展開をみせていた。第6回反対尋問における目撃供述は，次のような興味深い尋問コミュニケーションで始まる。

（Z：在間弁護人，M：正岡，J：裁判長）
01　Z　さっき男子トイレから玄関通って女子棟のほうに行ったって言ってくれたね。
02　M　はい。
03　Z　その時，君が歩いて行って男子棟廊下とか玄関とか女子棟とかだれかおりましたか。
04　M　いいえ。
05　Z　女子棟の廊下にはだれかいたのかな。
06　M　……（約1分5秒）。
07　Z　質問分かってますね。
08　M　はい。
09　J　質問分からなかったらもう一回言ってちょうだいと言いなさいよ。
10　M　はい。
11　Z　女子棟の廊下にだれかいたのかな。
12　M　…聡君と山田先生いた。
13　Z　それは，君見たわけやね。
14　M　はい。
（第6回反対尋問92丁）

　私たちは，裁判の仕事に関わる以前，英国のある学校での授業を素材にした研究論文を読んだことがあった。エドワーズとマーサー（Edwards & Mercer, 1987）によって調査されたその学校は，児童中心主義を掲げ，授業では生徒が自発的に自然法則などの事実を発見できるようにすることが建て前とされていた。しかし実際には，教師が握っている既存の知識（たとえば，「重力加速度は質量に無関係」といった物理法則）と一致する回答がなされるまで，自覚されない教師による誘導が行われていた。
　この尋問系列をみたとき，エドワーズとマーサーが調査した学校の授業場面がオーバーラップした。授業において教師は，内容的に，あるいは，文言上で同一の問いを繰り返し生徒に投げかけることがあった。エドワーズとマーサーによれば，これは直

4章　甲山事件―コミュニケーションの軌跡を追う―

前の生徒の回答がその場において不適切，あるいは，望ましいものではないという意味を生徒に伝えることになる。そして，適切な回答が返されるまで，同一の生徒に，あるいは，生徒を代えて質問は反復される。授業中の質問と応答は，生徒を既存の知識へと誘うように組織化されているのである。こうした事態を，エドワーズらは「教師の質問が既存の知識に動機づけられている」と言う。

　正岡供述に話をもどそう。エドワーズらの言葉を借りれば，尋問者の発言は，第1回主尋問の内容に動機づけられているといえる。第1回主尋問の内容に明らかに反する04行における正岡君の発言は訂正され，第1回主尋問と同一の内容の回答がなされるまで，尋問は終結していない。この尋問系列の示唆するところは大きい。正岡君は自身の発言を，尋問者の出方によって修正することがあるのである。そうしたことは，尋問者のもつ知識との対照によってなされている。このことは，実際に目撃体験をした可能性がある正岡君の発言よりも，むしろ，目撃体験をした可能性がまったくない尋問者のもつ知識の方が優位に立ち，その知識によって正岡君が発言を訂正することがあり得ることを意味している。

　今考察した尋問系列は，回答不能状態がさらなる質問反復とクローズド・クエスチョン（CQ）に対する「はい」という回答によって，回答可能へと転じたコミュニケーション系列とみることもできる。このパターンを，私たちは，正岡供述に多くみることができた。その1つを引用してみよう。

（Z：在間弁護人，M：正岡，J：裁判長）
01　Z　その保母室の部屋の壁のほうに体がひっつくぐらいかな，それとも少し離れてたの。
02　M　少し離れてた。
03　Z　どのくらいあいてただろう。
04　M　覚えてない。
05　Z　手でしてくれていいんだよ。これぐらいとか。
06　M　…（約15秒）。
07　J　聞かれていることは分かってるだろう，廊下と体とあいてたか，君はあいていたということを言ってくれたでしょう。少しじゃ分からないからどのくらいあいてたか手でやってくれないかということ。
08　M　…（約10秒）。
09　Z　君は女子保母室の部屋のほうに近かったということでしょう。

10　M　はい。
11　Z　それで，君の肩が，体の肩のところがその保母室のほうにひっついとったのか，もうちょっとひっつくぐらいなのか，それとももうちょっとあいとったのか。
12　M　ひっつくぐらい。
13　Z　ひっついてはいなかったけれども，ひっつくぐらいのところにいたのね。
14　M　はい。
（第6回尋問93〜95丁）

　この尋問系列では，まず距離についてオープン・クエスチョン（OQ）の形式で質問されることによって回答不能に陥った正岡君に対し，択一式のCQが投げかけられている（11行）。次に，選択肢の1つを正岡君が選び（12行），その確認が再度CQによってなされている（13〜14行）。すなわち，正岡君の発言は，選択肢からの選択と「はい」のみによって構成されている。
　この状況は一種の再認テスト事態と考えられるのではないか。だから尋問者が，正岡君の記憶を喚起している事態ではないか。そんな声が聞こえてきそうである。しかし私たちは，正岡君の発言に内在する危険性ゆえに，このように考えることはできなかった。どういうことだろうか。
　会話分析によれば，会話は隣接ペア（adjacency pair）を構成しながら進展するものである（Schegloff & Sacks, 1973）。そして第1成分（ペア中の先行発話）によって，特定の種の第2成分（ペア中の後続発話）が期待される。たとえば，「質問」には「応答」，「要求」には「承諾（拒絶）」，「挨拶」には「挨拶」，のようにである。尋問事態では，質問への返答が後続発話に期待されている。「はい」は，最も容易に期待を満たす応答である。期待を満たすことが会話の進展に不可欠である一方，期待を満たせば空虚な応答をしても会話は進展し，供述が形成されてしまう。空虚な応答とは積極的肯定ではないような「はい」，一般にいうところの生返事である。CQが優勢な尋問系列には，会話分析が指摘するような落し穴がある。正岡君の「はい」は，再認テストへの積極的回答ではなく，生返事である可能性が危惧されるのだ。その証拠として，次の尋問系列をみてほしい。

（Z：在間弁護人，M：正岡，J：裁判長）
01　Z　君は最初に女子棟に廊下の境の，入口の境のところから今言うたところ

```
           を見たというたね。
02  M    はい。
03  Z    見た時に，すぐに山田先生と聡君というのは分かったのかな。
04  M    はい。
05  Z    見て，二人が山田先生と聡君というのはすぐ分かったということね。
06  M    はい。
07  Z    その時，山田先生とすぐ分かったというのは，なんで分かったのかな。
08  M    …（約15秒）はじめは分からなかった。
09  Z    今，聞いたら見た時にすぐ分かったと言ったからな，聞いとんだよ。
10  M    聡君が山田先生の顔を蹴った時に分かった。
11  J    それじゃ，すぐじゃなくてそれから後に分かったということですか。
12  M    はい。
```
（第6回尋問97～98丁）

　正岡君は直前で「はい」と返答し肯定した内容を，直後に訂正することがある様子が見てとれる。このことからCQに対する「はい」は，記憶に基づく回答ではなく，隣接ペアの第2成分を満たしているだけの「生返事」である可能性が指摘できる。これが第1のポイントである。外見的には再認テストのように進行する正岡供述も，実際には尋問者が有する知識に駆動されている。これが第2のポイントである。「はい」のる対象であるCQの内容が，尋問者によって構成されたものであるならば，そこには尋問者の解釈が混じっている可能性がある。正岡君のそれまでの発言を素材にしつつも，次にどのようなCQを投げかけるかは，尋問者のもつ事件に関する「物語」による。尋問者の解釈から生まれた物語が，正岡君の生返事によって，目撃談として提示される可能性。この推理が現実となっていたことは，もう少し後で示そう。

　質問の反復とCQの提示によって，正岡君が回答可能になっていく過程は他にもいくつか見てとれる（第6回尋問93～95丁，120丁，123～124丁，129～130丁，132～133丁，134～135丁，168～169丁，170～173丁）。これらいずれの系列でも，尋問は，同一質問の反復，択一式CQの提示，CQによる確認によって構成されていた。こうした尋問系列は，尋問者の知識，すなわち，二次情報を媒介して展開する傾向が強いことから，そこで形成された供述は，正岡君が体験を有する想起者であることを保証してはいない。この系列をもって供述が一貫していると評価するのであれば，それは，尋問者の知識の一貫性と正岡君の体験語りの一貫性とを混同していることになる。も

っとも，このことは，尋問者に正岡君を偽りの目撃者に仕立てようとする意図があったといっているわけではない。

　OQで回答がなされない場合，同一のOQを反復したり，CQに切り替えたりするのは，尋問や取り調べの常であろう。しかし，正岡君が，そして，尋問者がこのような尋問系列に組み込まれてしまうことによって，正岡君の体験がなくても，言い換えれば，正岡君の体験に基づかなくても，目撃に関する供述の形成は可能となる。上にあげた事例は，これを示しているといえる。

　正岡君の供述が形成されていくこのプロセスを図式化し，私たちはこれを，「供述生成スキーマ」と名づけた（図4-1）。もちろん私たちはここで，バートレットを念頭に置いて，この語を使用している。

　このスキーマに該当する尋問コミュニケーションのなかには，非常に重要な事態が含まれている。このスキーマによって，事件当日に関して異なる種類の物語が形成される可能性が生まれるのである。そして，その物語は，正岡君の目撃証言の意味も大きく変えてしまう。該当部分を引用してみよう。

（Z：在間弁護人，M：正岡君）
01　Z　そしたら何をしてると思った。
02　M　…。
03　Z　遊んでると思った。
04　M　遊んでると思った。
05　Z　二人は遊んでると思った。
06　M　はい。
07　Z　二人が廊下で歩いて遊んでるというふうに思ったんやな。
08　M　はい。
09　Z　聡君がそのよその全然関係のない人と遊んでると思ったんか。
10　M　はい
（第6回尋問132～133丁）

　第6回反対尋問においては，異なる2つの筋書きをもった証言が形成されている。その1つは，第1回主尋問と同一の筋書きを有する証言，すなわち，廊下の2人に気づき，その光景への恐怖からトイレに隠れ，2人が非常口から青葉寮の外に出て行く一部始終を見続けたという証言である。もう1つは，この尋問部分を発端とする筋書

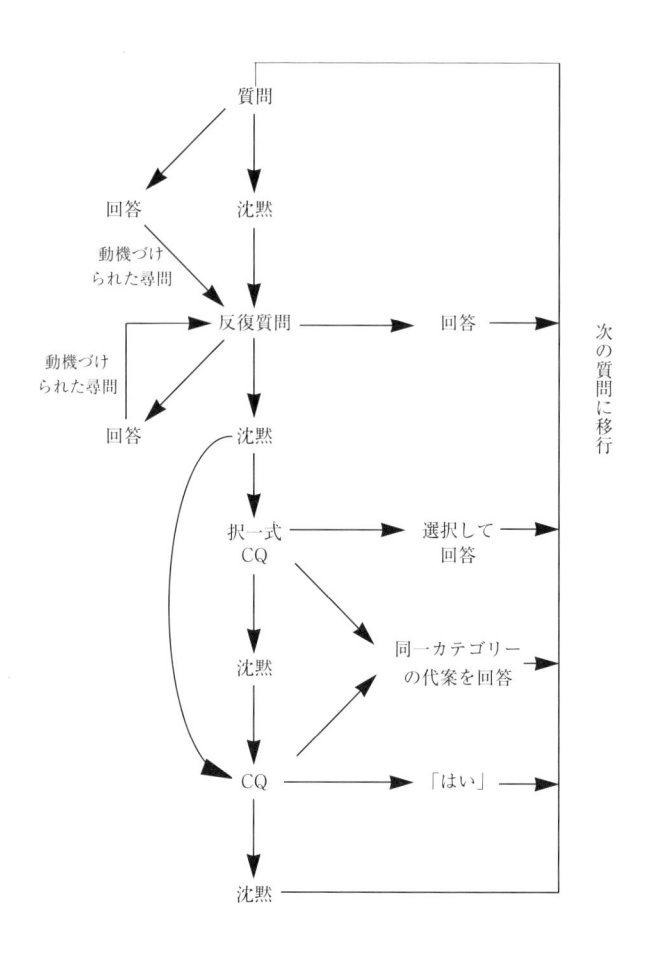

●図4-1　供述生成スキーマ

きである。それは，廊下の2人に気づいたが，その情景を2人が遊んでいると認識したという筋書きである。これに続く尋問では，2人が聡の部屋である「まつ」に行くと思ったという発言が続いている。引用してみよう。

　　（Z：在間弁護人，M：正岡）
　　01　Z　そしたら二人はどこかの部屋に行くと思ったの，それともどこか外に出て行くと思ったんかな。
　　02　M　部屋に行くと思った。

第II部　供述心理学のフィールド

03	Z	どこの部屋に行くと思った。
04	M	聡君の部屋。
05	Z	聡君の部屋というのは何という部屋かな。
06	M	「まつ」。
07	Z	「まつ」の部屋というのは男子棟やろ。
08	M	はい。
09	Z	その二人はきみのほうに背中向けとったんと違うか。
10	M	はい。
11	Z	「まつ」の部屋に行こう思うたら反対の方向と違うか。
12	M	はい。
13	Z	なんで向こうに歩いてるのに聡君の部屋に行くと思ったんかな。
14	M	……（約20秒）。
15	Z	聡君の部屋いうのは反対のほうやな。
16	M	はい。
17	Z	きみが見たのは女子棟で見たんやろ。
18	M	はい。
19	Z	きみはその女の大人の人と聡君が廊下で二人見て，聡君の部屋で遊ぶと思ったんやな。
20	M	はい。
21	Z	それは間違いないな。
22	M	はい。

（第6回尋問133～134丁）

そしてこの後，廊下の2人をみて自室に帰ったというストーリーが展開されていく。

（Z：在間弁護人，M：正岡）
01	Z	最初にきみが見たときに，その女の大人の人と聡君が，聡君の部屋で遊ぼうとしてるように思ったと言うたね。
02	M	はい。
03	Z	きみはそれを見てどうしたの。
04	M	……（約25秒）。
05	Z	聡君の部屋で二人で遊ぼうとしてると思った言うたな。

```
06  M  はい。
07  Z  それを見て，きみがどうしたかいうこと聞いてるんやからな。
08  M  ……（約25秒）。
09  Z  聡君ともう一人の大人の女の人が聡君の部屋に戻って遊ぼうとしてると
       いうふうに思ったと言うたな。
10  M  はい。
11  Z  きみはどうしたの。その場にずっとおったの。
12  M  もう部屋に帰った。
```
（第6回尋問134～135丁）

　新たな筋書きをもつ供述の形成は，質問反復，沈黙後のCQの提示，CQの内容の引用による回答などによって構成されている。ここで特筆すべきことは，CQに対する受動的な応答だけでなく，OQに対する積極的回答によっても，正岡君がこの筋書きの構成に関与している点である（11～12行）。こうした異なった種類の筋書きをもった供述の形成過程が示唆するのは，尋問者の解釈を含んだCQとそれに対する同意としての「はい」や，OQへの自発的回答といった積極性などが組み合わさることで，多様な供述が形成される可能性があるということである。多様な供述が形成される可能性があるということは，正岡君を取り巻く尋問コミュニケーションが特定の日時，場所で生起した事実へと向かうのではなく，尋問者の知識や正岡君のその場での思いつきによって迷走する性格のものであることを意味する。このような性格をもつ尋問コミュニケーションは，尋問者と正岡君の共同的作業の産物であり，尋問者の意図的な誘導姿勢，正岡君の作話能力といった個人の態度や能力に一方的に還元されるものではない。

　正岡君を取り巻く尋問コミュニケーションは，事実へと向かっていない可能性を常に孕んでいる。正岡君は，唯一体験を有する者として，尋問の流れを生み出し，修正する位置にはいない。すなわち，彼は，尋問コミュニケーションの進展に貢献する供述者ではあっても，自らの体験に基づいて語る想起者とはいえない，少なくともその責任を果たしていない。これがコミュニケーション分析によって明らかにされた正岡君の姿であった。

（4）反対尋問のコミュニケーション分析の意義

　即興的想起, すなわち, 正岡君と尋問者の事前の打ち合わせがない場合の想起の様態を, 私たちは知りたかった。この即興的想起こそが, 供述調書が作成された現場である取調室で行われていたであろう活動だからである。しかし, 取り調べの現場は, 書記係の司法警察員が作成した員面, あるいは, 検事が作成した検面を通じてしか, その様子を垣間見ることはできない。そうした文書資料は, 取調官や書記係の解釈, 要約, 物語化等の作業を経た, いわば二次資料である。

　第一審の浜田意見書は, この二次資料から, 取り調べ時のコミュニケーション的要素を読み取ろうとしていた。そして, その推測の妥当性を示すために, 公判廷での供述が, 適宜引用されていた。

　これに対し, 私たちは浜田意見書とは逆のアプローチをとった。まず, 正岡君と尋問者の即興的想起を分析し, そこから員面, 検面の形成過程を説明しようという方針である。反対尋問を分析の対象としたのは, それが唯一即興的想起の様態がほぼそのまましるされている資料だったからである。反対尋問のコミュニケーション分析によって, 多様な目撃物語が正岡君と尋問者の相互作用から生じてくることを, 私たちは明らかにした。検察が山田さんの犯行を裏づける証拠として提出し, かつ, 控訴審判決が一貫していると評価した目撃証言は, 取り調べ時のコミュニケーション過程のなかで, あくまでも多様な物語の1つとして形成されたものに過ぎない, と私たちは結論づけた。

　私たちの結論を裏づけるように, 正岡君の取り調べに従事した野口警察官（仮名）は, 自身の証人尋問において, 正岡証言が大きく変貌した1977年5月7日の取り調べ状況について, 次のように述べていた。

（A：浅野弁護人, N：野口警察官）

01　A　それからあなたが正岡君に5月7日に聞いたときに, 1つの質問では答えが出なくて, 2つ3つ質問をして答えが出るというふうなことだったようですね。

02　N　捜査官の常道として, やはりいろいろありますけど, その書いてあるとおりと思います。

03　A　1つの質問で答えが出なくて, 2つ3つ質問して答えが出るというのは, いろいろ質問の仕方を変えるわけですか。

04　N　…変える場合もあるし，角度を変え，同じことを言葉を変えて話す場合もあるし。
05　A　だから，例えば答えが出ないときにはこうじゃなかったんじゃないかとか，あるいはそしたらこの場合どうだったとか，そういうふうな例えば1つの答えを求めている場合でも，同じ質問を同じように繰り返すんじゃなしに，からめてから言ったり，あるいはそこでそこで多少記憶喚起のために誘導したり，そういうようなこともやっておったわけでしょう。
06　N　誘導というまでは。
07　A　誘導というかどうかは別として，記憶喚起のためにあなたのほうでこうじゃないかとか。
08　N　だけど正常の子供であれば，答えに対しては。だから幾つかの質問をしたことは間違いありません。
09　A　そういうふうな質問をしたことは間違いないと。
10　N　はい。

（第12回公判証人尋問調書56～57丁）

　野口警察官は正岡君に対し，反対尋問のコミュニケーション分析で私たちが考察してきた尋問と，まさに同じような尋問を行ったことを認めている。しかも，彼は，こうした尋問は誘導にはあたらないと主張している。考察のなかでも指摘したように，こうした誘導は，誘導した者に誘導したという自覚をもたらさない，「意図せざる誘導」である点に特徴がある。

(5) コミュニケーション分析のまとめ

　私たちは，反対尋問のコミュニケーション分析の結果とその意義を，次のようにまとめた。
　①定量的分析について
　目撃体験が語られている部分について事項単位の分析を行なった結果，正岡君の回答不能率は2割弱であった。このうちほぼ半数は，供述間の離齬が指摘される事項であり，これを除外すると回答不能率は1割程度まで減少した。完全に回答可能だった事項，結果的に回答可能だった事項をあわせると，回答可能率は事項全体の約8割弱に達していた。

これらのことから，反対尋問が正岡君の混乱と反発に満ちた劣悪な質の資料であるという特徴づけは妥当ではなく，反対尋問は正岡君の即興的想起の様態を探る資料として利用可能であると判断された。
　②コミュニケーション分析について
　まず，正岡君の供述が展開する過程では，尋問者の果たす役割が大きかった。これは，CQの優勢や，特定の知識に方向づけられた尋問プロセスから明らかである。このようなプロセスは，検察側が論告で適切であると主張したスモールステップ式の尋問形態と類似している。
　次に，このような（スモールステップ式の）尋問プロセスは，供述の筋書きの形成に大きく貢献しているが，そのようにして形成された筋書きが事実とは限らないことが明らかになった。主尋問で語られた筋書きと異なる筋書きをもった供述が，反対尋問において形成される様子を，私たちはみることができた。
　さらに，異なる筋書きの形成は，作話能力といった正岡君個人の能力に全面的に依拠してはいなかった。同時に，尋問者の強引な誘導にすべての原因を帰すことができるものでもなかった。むしろ，それは，尋問という場における尋問者と正岡君の相互作用の産物であった。これを私たちは，供述生成スキーマという形で図式化することができた。したがって，これによって，能力論に依拠して供述の信用性を判断しようとする検察，および，控訴審判決の主張が妥当ではないことが示された。
　また，即興的想起の場である反対尋問を分析した結果から，正岡君は，尋問コミュニケーションにおいて，自らの体験に基づき応答したり，尋問を牽引したりする役割，すなわち，想起者としては機能していないことが明らかになった。正岡君は，尋問コミュニケーションの進展に貢献する供述者ではあっても，自らの体験に基づいて語る想起者とはいえなかったし，少なくとも，その責任を果たしているとはいえなかった。
　以上のような正岡君のコミュニケーション様態を考えると，供述調書に記された目撃証言が，正岡君の体験に基づく事実であるという主張には，大きな疑問が生じてくる。取り調べの場面においても，法廷場面における供述生成スキーマと同じようなメカニズムが働いたとすれば，変遷を繰り返しながら，正岡君が供述するような目撃証言が形成される可能性は高いといえる。

3節　裁判の現場へ

　以上のような分析と結論がしるされた意見書を，私たちは作成した。さらに意見書には，これに加え，ここでは取り上げなかったが，正岡君の特異な認識特性の分析，口止め工作（正岡君が3年間証言せず沈黙を守っていたのは，学園関係者から受けた口止めが原因だとされていた）の有無に関する分析が盛り込まれていた。この意見書は，1997年11月4日に開かれた最終弁論において，特別弁護人となった私たちの代表によって読み上げられた。

　弁論が終わり法廷をでると，同じく退廷してきた山田さんに出会った。彼女の表情と口調は明るかった。かつて研究会でなされた分析の中間報告にはハラハラしたと述べつつ，彼女は私たちの意見書を高く評価し，感謝の言葉を送ってくれた。うれしかった。私たちは人権派ではない。私たちの喜びは，弁護依頼者の要望に添えたことではなく，私たちの分析の妥当性を理解してもらえたことにあった。

　裁判所も私たちの分析を評価してくれるのだろうか。はっきりいって自信はなかった。分析内容に自信がないのではない。裁判官が私たちの意図を汲み取ってくれるか，確信がもてなかったのである。三村事件，足利事件のにがい記憶が脳裏をよぎる。

　1998年3月24日判決のときがやってきた。神戸地裁は山田被告に無罪の判決を下した。裁判長から「無罪」の声が発せられた瞬間，傍聴席から歓声が沸き上がった。私たちもそこにいた。歓声こそ上げなかったが，労苦が報われた歓喜に胸を熱くしていた。

　さて，私たちの意見書を裁判所はどのように評価したのだろうか。

（1）差戻し一審判決

　私たちの意見書は，証拠として提出されたものではない。したがって，判決文のなかに，私たちの意見書を指示する名称は現れてはいない。しかし，私たちの意見書と軌を一にした表現がいくつか見受けられた。

> 　ここでは，年少児である園児らの供述の信用性を判断するうえで留意しておくべき点を若干あげておく。
> 　一つは，その園児の能力，性格等を考慮する必要はあるが，そのことを過大視

してはいけないということである。そのことは、例えば、頭が良い人であるとか、記憶力が良い人であるとか、正直な人であるということだけから、具体的な供述内容の分析等をしないまま、直ちにその人の供述が信用できるということは経験則上できないことからも明らかであり、その能力、性格等はその供述の信用性の判断の一資料になるにすぎないというべきである。(69丁)

　私たちは、供述の信用性判断を行う際に、能力論を回避し、現実に行われている尋問コミュニケーションそのものから信用性を判断しようとした。そのような態度が、この判決文でもかなりの程度共有されていることがわかる。

　私たちは、反対尋問の分析から、別の筋書きをもった物語が形成されていく端緒を見いだし、またそこから、目撃証言も可能な筋書きの1つに過ぎないことを指摘した。判決文も反対尋問における同一箇所を指摘してはいるが、その評価は、供述間の矛盾の指摘にとどまっていた。私たちは、ここに正岡君の供述形成のメカニズムを認めたのであるが、判決文は、そのような視点から公判廷速記録や供述調書を評価していたのだろうか。

　再逮捕の決め手となった新供述を最初に得たのは、野口警察官である。正岡君が行った発言の背後になんらかの目撃体験が隠されている疑いをもち、「事細かく聞き返す心算りで入念な取調べをした結果目撃供述が出た」と、彼自身、捜査報告書に記載している。判決は、この部分について次のように指摘している。

　　　目撃供述は、結局は野口と正岡のその後のやりとりの中で出てきたといわざるを得ず、そこには暗示や誘導による影響の危険性が大きくなることが否定できない。(299〜300丁)

　　　正岡にとってみれば、「聡はいなかった」と答えたことが野口に受け入れられなかったこと、すなわち、野口の期待するものではなかったことを意味しており…。(301丁)

　　　一度供述した後に事細かに聞き返すなかで行なわれることにより、誘導ないし暗示の効果を持つことになるのは明らかであり、正岡が答えるべきことに気付き、「聡を見たのか」という質問に「聡を見た」と答えたのではないかとの疑問を持たざるを得ない。

4章　甲山事件―コミュニケーションの軌跡を追う―

そのうえ，野口証言によれば，野口は，正岡が「聡を見た」と答えたあと，「1人だったのか2人だったのか」，「その人はどういう人だったのか」，「位置はどうだったのか」などと事細かな質問を投げかけ，正岡がそれに応える形で，しかも，1つの発問に対して直ちに答えがあるというのではなく，いくつもの発問を重ねてようやく答えが出てきたりしたというのである。このように質問が細かであればあるほど，右のような二者択一的な質問であればあるほど，その質問の組立てかた，言葉の調子などにより，正岡の想像力を一定の方向に沿ってかき立てていく危険性が大きいのであり，前記の正岡のとにかく何かを答えてしまう証言態度からすれば，そのようなやりとりの中で，具体的な目撃状況の供述ができあがったのではないかとの疑いが払拭できない。（302～304丁）

　これらは，正岡供述の生成スキーマが働いている事態を，野口警察官の取り調べに見て取っている部分であるといえるだろう。公判廷のコミュニケーションの様態から，供述生成過程を推測するという私たちの意図は，このような形で判決に活かされたと，私たちは考えている。さらに，正岡君の目撃供述が正岡君の尋問コミュニケーションにおいて描かれる可能な筋書きの1つに過ぎないという私たちの結論を，判決は支持していると理解することもできる。
　証拠として提出されたわけではないことから，私たちの意見書を明確に指示してはいないが，コミュニケーション分析によって得られた私たちの結論は，差戻し一審判決において，肯定的に評価されたように思われる。

（2）第二次控訴審判決

　差戻し一審の判決を不服とした神戸地検は，1998年4月6日大阪高裁に控訴，翌1999年1月22日，第二次控訴審が開始された。検察が請求した証拠はほとんどが却下された。3月31日，検察，弁護側双方の最終弁論が行われ，第二次控訴審は早くも結審した。そして同年9月29日，またしても無罪の判決。10月8日，大阪高検は上告を断念し，ここに山田被告の無罪が確定した。偽証で裁判にかけられていた甲山学園関係者の裁判にもすべて無罪判決が下った1999年11月4日，事件発生から25年，再逮捕から21年，甲山事件と呼ばれた超長期裁判は完全に幕をおろすことになった。
　この第二次控訴審判決でも，正岡供述の信用性に言及した箇所がある。

個々の事実に関する供述を分析することなく，供述者の能力及び性格などの特性並びに立場といった具体的供述を離れた人的要素のみによってその供述を全体として信用できるとか信用できないとか判断することはできず，具体的になされた供述を検討して初めてその信用性が判断できる。(267丁)

　差戻し一審と同じように，ここでも能力論に依拠した信用性判断の不適切さが指摘されている。
　また，正岡君には虚偽物語を作話する能力がないのであるから，一貫した目撃供述が存在することそれ自体が，正岡君の供述が真の体験に基づくことを示しているという，検察側の論理に対しては，次のように指摘している。

　　相手方との会話の中では，当然，「それからどうしたの。」という包括的な問いだけでなく，「誰かいたの。」「その人は何をしたの。」などの話を進めるための問い，あるいは，「歩いていたの，それとも，走っていたの。」などのヒントを与える問い，さらには，「走っていたのではないの。」などの誘導的な問いもなされ得るのであり，これらの問いに答えたりする会話のやりとりを通じてより話を拡げたり発展させることが可能になるからである。(284～285丁)

　　そのような会話の中で出来上がった話に論理的矛盾が生じるかどうかは，話し手が矛盾のある話をしたときに聞き手である相手方がどう対応するか，すなわち，その矛盾を指摘して説明を求めるような方法で修正するのか，何もせずに放置するのかによるものであり，相手方の影響を無視できない。…そのような会話による話の成立を無視して，年少者，精神遅滞児であるから，そもそも事実と異なる話をすることができないとか，これを作ろうとする場合には論理的矛盾が生じるとかいうことは相当でない。(285～286丁)

　　供述は，尋問者とのコミュニケーションの過程で生成されていくものであり，聞き手の出方を重要視すべきであると，判決は指摘している。これは，私たちの態度と一致するものである。さらに，新供述を最初に得た野口警察官の事情聴取についても，差し戻し一審と同様の判断がなされていた（330～331丁）。

　第二次控訴審においても，コミュニケーション分析によって得られた私たちの結論

4章　甲山事件―コミュニケーションの軌跡を追う―

は，差戻し一審と同様，肯定的に評価されたように思われる。

4節　供述心理学の視点から

それでは最後に，私たちが正岡君の供述を分析する過程で検討することとなったいくつかの問題についてまとめてみよう。

（1）外在的な理論のあてはめの放棄

自白や目撃証言の信用性鑑定を行う場合には，ある種の人間観や一般論から評価を下すのではなく，「この事件」「この証言者」を常に問わなければならない。足利事件と同様に，私たちは，証言者である正岡君の具体的供述のなかから正岡君の証言者としての個別性を明らかにするという課題を，自分たちに課してきた。

私たちは足利事件以来，従来の信用性判断が採用してきた態度が不適切であると判断し，同じような態度をとることを避けてきた。それは，ある理論や人間観が，あらゆる人，出来事に妥当するとの前提に基づき，分析対象をその枠組みで評価しようとする態度である。たとえば，浜田が一貫して抵抗し続けた能力論がそれにあたる。ロフタス流実験研究が依拠する記憶観およびそこから産出される理論や法則も，ある意味，同様の枠組みのうえに成り立っている。さらに，能力論を批判し続けた浜田にあっても，いつの間にか忍び込んでいた合理的人間観も，こうした態度と無縁ではない。このような態度は，分析の対象に対し，外在的な理論をあてはめようとする態度である。

これに対し，私たちは，外在的な理論のあてはめを避け，個別の供述，供述者を最も適切に解剖できる方法を，そのつど発見しようと努めてきた。その結果が，足利事件における文体分析であり，甲山事件におけるコミュニケーション分析であった。これらの方法は，どのような供述にも適用できる保証はない。方法は，供述の徹底的な読み込みを通じて，そのケースに適合したものが発見されるのである。仮にもし正岡供述に対し文体分析を適用していたら，きっと有効な結論を得ることはできなかっただろう。また，その逆も同様であろう。

（2）反復の単位の多様性

　反復された供述から，供述者の個別性を探る。これは，私たちが理論的支柱とするバートレットの姿勢だ。私たちは甲山事件を通じ，個別性を顕在化させている反復には，いろいろな単位があり得ることを知った。足利事件における証言者須賀氏の個別性は，彼の発話のなかにみられる語りの文体として描き出された。これに対し，甲山事件では，正岡君の個別性は，彼の発話のなかにではなく，彼と尋問者とのコミュニケーションのなかに見いだされた。これら2つの分析に適用される単位には違いがある。足利事件では，供述者の発話が有効な単位であったのに対し，甲山事件では，供述者と尋問者によって繰り広げられるひと続きの対話が有効な単位であった。正岡君の個別性は，コミュニケーションのなかにおける彼の位置取りとして，あるいは，彼が遂行していた役割として，理解することが可能なのであった。

　したがって，別の事件を分析しようとすれば，当然，足利事件や甲山事件とは別の反復の単位が適切となることも考えられる。かつてレフ・ヴィゴツキー（Vygotsky, L. S.）は，次のような意味のことを述べている（Vygotsky, 1978）。人間にとっての水の意義や役割を問う場合には，水を単位として分析を行うべきであって，水の構成元素であるからといって水素や酸素に分解して考えることは不適切である，と。私たちの行ってきたことは，ヴィゴツキーのこの思想，すなわち，単位分析の忠実な実行ともみなすことができる。しかし，これは方針としては明確であっても，実行には多大の時間と労力が必要とされる。私たちはまず，分析すべき供述において適切な単位を発見しなければならない。どの単位が適切なのかを事前に決定することはできない。丹念に，そして，繰り返し供述を読むなかから，ようやく単位は姿を現すのである。

（3）コミュニケーションのなかの個別性

　正岡君の個別性は，どのようなものといったらよいのか。想起者としての主体性を担っていない。役割を果たしていない，といった表現を私たちは前にした。しかしこのような否定形の答えには，「それではそれは何なのか」とさらなる問いが発せられることになる。そこで，正岡君の個別性をさらに明確にしてみよう。そのためにはまず，彼の個別性が発見された単位，すなわち尋問コミュニケーションがどういうものであるかを理解しなければならない。

　尋問者の質問によって供述者の応答は水路づけられ，その応答は，次の質問の基盤

を提供する。前の発言を繰り込みながら，次の発言がなされ，この過程が継続的に作動する。取り調べや公判でのコミュニケーションは，このような自己組織的運動をしながら展開する。コミュニケーションがどの方向へ向かうのか，どのような結果に落ち着くのかを予測することはできない。なぜなら，それぞれの発言には不確定要素が内在し，それがコミュニケーションの方向と結末をそのつど左右することになるからだ。郡司（1996）によれば，この不確定要素には2種類がある。それは，「不定さ」と「曖昧さ」である。

ある発言がどのような発話行為として発せられたかは，その発言自体からは完全に知ることはできない。これが発話の「不定さ」である。称賛と皮肉の混同はよく知られる事実である。発言がどのような発話行為を担っていたかは，コミュニケーションの過程で後づけ的に明らかにされていく。

ある発言が称賛としてなされたとして，それがどの程度の称賛を表しているかがわからないことがある。「あまりうれしくないのか」「すごくよろこんでくれているのか」がわからない，これが発話の「曖昧さ」である。

裁判で求められる正岡君の役割は，想起者である。彼には，目撃体験を有し，その体験に基づき語る者としての役割が期待されていた。この役割には，コミュニケーションを1つの方向，すなわち「事実」に向かって収束させる役割も含まれる。しかし，複数の筋書きの形成に荷担してしまった正岡君には，この責任を果たしている姿を見て取ることはできない。そのことから，私たちは，正岡君を想起者としてみなすことができず，彼の目撃証言も信用できないと判断したのだった。このような現実を生み出す正岡君の個別性。ここでの理論的考察を踏まえて表現すれば，それはコミュニケーションにおける彼の不定さである。

不定さという正岡君の個別性は，尋問のなかでどのように処遇されたのか。私たちが描き出した正岡君の供述生成スキーマのことを思い出してほしい。正岡君の沈黙や回答に対し，尋問者が反復質問をする。CQを行う。そして，次の質問に移行する。こうした尋問者のふるまいは，正岡君の不定さを，曖昧さとして解釈する営みと見て取ることができる。つまり，想起を行っている，行おうとする気はあるのだが，なんらかの理由により想起が不能になっている状態として受け取られるのである。反復質問とは，直前の回答や沈黙に対する尋問者による一定の解釈の表明と考えられる。沈黙や尋問者の意図からはずれた回答に対し，反復質問で応対するということは，正岡君の応答を曖昧さと，具体的には記憶の一時的忘却や記憶違いと解釈した発言として機能している。沈黙に対するCQも同様である。正岡君が沈黙しているのは一時的忘

却であるという可能性を，CQは追及している。このように，供述生成スキーマに含まれる尋問者の応対は，正岡君の発言に内在する不定さを，体験語りという特定の発話行為内の曖昧さとしてとらえる営みといえる。

　さらにこの問題について考えを進めるならば，正岡君の発言の不定さを曖昧さと解釈してしまう理由の1つは，おそらく彼が知的障害者とカテゴリー化されていることにあると思われる。正岡供述に矛盾や不明瞭さが発現しても，それは，知的障害という特性に原因があるからだと考える。このように不定さと曖昧さを混同し，曖昧さの源を知的能力に求めていく。これは差戻しの決定を下した，原二審判決が展開した能力論であるが，この立場に立つと正岡君の個別性がまったくみえなくなってしまうことがわかるだろう。

(4) スキーマとは何か

　私たちは本章で，正岡君が目撃証言を行う者としての責任，すなわち，想起者としての責任をまっとうしていないことを例証してきた。そして彼と尋問者のやりとりを図式化し，それに供述生成スキーマという名を付した（図4-1）。これは，一見，正岡供述ができ上がるアルゴリズム，あるいは，プロダクションルールのようにもみえる。裁判実務のうえでは，そのようなとらえられ方をされても，とくに問題はない。しかし記憶心理学の問題として取り上げる場合，それは理論的に間違った見方である。
　私たちは，図4-1のような図式そのものが，正岡君や尋問者の内部であれ，両者の間であれ，どこかに実体的に存在しているとは考えていない。図式は，ある特定の尋問，さらにミクロなレベルでは，個々の対話において実現したさまざまな条件によって，供述生成スキーマが現実化したものである。図4-1はたんなる1つの実現形である。したがって条件が異なれば，異なった図式が描けることになる。それでもやはり，図式間で通底しているものがある。これが本来の意味でのスキーマだと，私たちは考える。
　それではスキーマとはいったい何なのか。集団球技のたとえで説明しよう。一流サッカーチームの競技中の動きを，観客として，すなわち俯瞰してみたとしよう。パスをつなぎ，相手の守備陣形にゆさぶりをかけ，スペースを作り，スルーパスを送り込む。それと同時に，待っていたかのようにスペースに走り込み，シュートを放つ。私たちはそこに，多人数による，非常に統率された一連の動きをみる。彼らはどのようにして，このようなチームプレイを可能にしているのだろうか。観客の目からすれば，

4章　甲山事件—コミュニケーションの軌跡を追う—

プレイのマニュアルがあり，それに倣って選手が動いているようにみえる。しかし彼らは，あらかじめマニュアル化された動きをなぞったわけではない。彼らを集団として統率するマニュアルなどない。そもそも千変万化する戦況を前提にすれば，そのようなマニュアルめいたものは作成不可能である。

　それでは彼らは何をしているのだろうか。1人の選手がボールをもっている。この選手を起点にして，他の選手は相対的な位置取りを行い，陣形を敷くのだ。位置取り自体は極めて簡単なルールからできている。たとえば，ボールをもった選手を起点に三角形をなすように位置取りをする，というように。もちろんいつでも三角形が実現可能な状況があるわけではない。そんなとき選手たちは，フェイントをかけて相手のマークをはずしたり，逆サイドにパスを振ったり，オフサイドラインを越えないようにしながら状況を変え，三角形の陣形を敷くという基本動作を産出し続ける。私たちがまのあたりにする，流れるように規則的なチームプレイは，このような基本動作の継続的産出の所産なのである。決して所産をそのままなぞったようなマニュアルが最初からあって，選手たちの動きを統率していたわけではない。バートレットはサッカーではなく，ラグビーの例を持ち出しているが，同じようなことを述べている(Bartlett, 1932)。

　供述生成スキーマとは何であるかという問いに，これでようやく答えることができたと思う。それは，正岡君と尋問者が互いの発言を参照しつつ維持し続ける位置取りの，継続的産出なのである。ゆえに条件が変われば，図4-1として図式化したものとは異なるものが描けよう。しかしそれでも，彼らがとっていた位置取りは不変なのである。不定さを産出し続ける正岡君（正岡君の個別性）に対して，尋問者は尋問が1つの事実へと収束するよう発話を調整していた。あたかもサッカー選手たちが三角形の陣形を維持し続けるように。また尋問者は正岡君の不定さを想起の曖昧さと解釈し，1つの事実への収束を実現させようとしていた。サッカー選手たちが三角形を実現するため，フェイントや逆サイドへのパスをしかけるように。

　バートレットのスキーマは，いろいろな解釈を受け，心理学の内部で流通している。最も有名なのは，認知心理学におけるスキーマ理解であろう。しかし私たちは，そのような考え方に異議を唱えざるを得ない。サッカー選手たちのプレイの所産が，最初からマニュアル化されていたかのように誤解される。認知心理学のスキーマ理解は，実はこのような誤解に基づくのではないだろうか。そのようなスキーマでは変化し続ける状況に対処できない。条件が異なれば，そのつど異なる所産が現実化するのだから，スキーマの数もそれだけ増えてしまう。これでは現象の言い換えをしているに過

ぎず，スキーマ「理論」ということはできない。私たちは，正岡供述を吟味するなかで，バートレットのスキーマ論を，現実の事例をとおして理解することができたのだと考えている。

さらに甲山事件について詳しく知りたい方へ

浜田寿美男 1986 証言台の子どもたち―［甲山事件］園児供述の構造―　日本評論社.
松下竜一 1985 記憶の闇―甲山事件[1974→1984]―　河出書房新社.

5章　福井女子中学生殺人事件
—たくみな供述者へのアプローチ—

　「吉岡供述は，具体的かつ詳細で，核心部分については一貫しており…他の関係者の供述と大筋において一致している。…かつ臨場感が認められる。…これらに照らせば，吉岡の前記供述は十分信用できる。」

　これは，この章で紹介する福井女子中学生殺人事件の主役のひとりである，目撃証人吉岡忠義（仮名）の供述に二審の裁判所があたえた評価である。「具体的」，「詳細」，「一貫」，「大筋において一致」，「臨場感」と，判決が供述を肯定的に評価するときのきまり文句のオンパレードである。だが，詳細かつ具体的で臨場感があり他の供述と大筋において一致していれば，その供述を信用してもいいのだろうか。そうであれば，想像力とコミュニケーション・スキルに長けた語り手の供述は，いつでも信用しなければならないことになる。

　足利事件や甲山事件に登場した供述者たちは，取調室や法廷の場で，自分の体験を語ることがにがてな人たちであった。一方，この事件で私たちが出会った供述者たちは，自分から積極的に体験を語り，また細かな変遷を積み重ねながらも，核心部分については一貫しているともいえなくはない，豊かで複雑な供述世界を作り出していた。こうしたたくみな供述者たちの言葉に取り組むためには，これまでとは異なるアプローチが必要だった。しかしながら，それを見つけ出す作業は，予想を超えて困難なものとなった。

1節　分析までの道のり

（1）福井女子中学生殺人事件とは

　1986年3月20日午前1時30分頃，中学3年生の女子生徒が，自宅で顔を中心に全身数十カ所を包丁で刺され，血まみれになって死んでいるのを，帰宅した母親が発見した。犯行に使われたのは包丁2本。そのうち1本は，あまりに強く振り下ろされたた

めであろうか，刃が折れ曲がってしまっていた。頭部はガラス製の灰皿で殴られており，首は電気カーペットのコードで絞められていた。着衣に乱れはなく，室内を物色した形跡もみられなかった。彼女は，この日，中学校の卒業式を終えたばかりだった。

　通報を受けて駆けつけた警察は，すぐ捜査を開始した。しかし，階下の住人から19日午後9時40分ごろ，人が争うような不審な音を聞いたという耳撃証言（earwitness）が得られたことと，犯行現場で若干の毛髪などを採取することができたこと以外，決定的な決め手となる物証や証言を得ることはできなかった。あれだけ混乱した暴力が繰り広げられた部屋であるにもかかわらず，犯人と直接結びつきそうな証拠は，まったくといってよいほど見つからなかった。

（2）捜査の行き詰まりと目撃者の登場

　残忍かつ執拗な殺害方法，遺体が発見された居間の鴨居になぜか電気コードが巻きつけられていたことなど不可解な点もあったことから，警察は，被害者の交友関係に加え，異常者や薬物中毒者などによる犯行の可能性も視野にいれた捜査を展開した。しかしながら，事件後7か月経っても目立った成果が上がることなく，捜査は完全に行き詰まってしまっていた。

　この閉塞状況から警察を救い出したのが，吉岡忠義（仮名）だった。彼は，地元暴力団の構成員で，覚醒剤取締法違反等の容疑で勾留されていたのだが，そのときに，「3月20日の午前6時頃，知人の町田浩司（仮名）が衣服の胸や靴に血をつけているのをみた」と証言したのである。この証言は，薬物関係の他の事件で逮捕されていた吉岡に警察官が「何か知っていることはないか」と質問したことがきっかけとなって得られたものだった。名前のあがった町田は，シンナーの常習者であったため，薬物中毒者が犯人の可能性もあると考えていた警察によって，すでに以前，この殺人事件に関連した事情聴取を受けていた。しかしそのときは，彼のアリバイが確認され，それ以上の取り調べはなされなかった。

　その後，吉岡は事件当夜と翌日の出来事をこと細かに証言し始め，そこに登場した人物からも次つぎに証言がとられていった。犯行を直接目撃したと証言した者はいなかったものの，やがて複数の証人が，事件当夜，町田の不審な行動や彼の衣服についた血痕をみたといった証言を始めた。なかでも，吉岡の所属していた暴力団の先輩格にあたる長島哲也（仮名）の証言はとくに重要であった。長島は，事件当夜，友人から借りた車に町田を乗せ被害者宅のある団地まで行き，そこで町田を降ろした後，車

のなかで待っていたところ，しばらくして町田が手や衣服に血をつけてもどってきたのをみたと証言したのである。これは，間接的ではあるものの町田と犯行を強く結びつける証言であった。

　これらの証言に基づき，1987年3月29日，町田は逮捕された。しかし，彼は，逮捕直後から一貫して犯行を完全に否認し続けた。犯行の現場を直接目撃した者はだれもおらず，また町田が事件当夜乗っていたとされる乗用車内で発見された血痕も，詳細な鑑定の結果，被害者と別人のものであることが明らかとなった。確実な物証もなく，自白をとることもできない。捜査は再び行き詰まった。こうした状況のなか，捜査陣のなかからも町田犯人説を疑問視する声があがったとされる。しかし，主任検察官は，新たな物証として，犯行現場で採取された毛髪の鑑定を指示し，採取された毛髪全99本のうち2本が被告人の毛髪と同一であるとする鑑定結果を得た。これを決め手として，1987年7月13日，町田は起訴された。

（3）裁判の経過

　法廷での争点は，ほぼ次の2点に絞られていた。1つは，町田による犯行を間接的にではあるが，強く示唆すると考えられていた目撃証言の信用性の問題である。そして，もう1つは，犯行を直接結びつけるほぼ唯一の物証である毛髪鑑定の信用性の問題である。弁護側は，目撃証言が犯行後7～9か月経ってはじめて得られたものであることに加え，いずれの目撃証人の供述にも核心的な部分に多くの変遷や不合理な点があり，そうした目撃証言は，当時勾留中であった吉岡が警察に対し自分の立場を有利にするためにねつ造した供述を核として構成された虚偽証言であると主張した。毛髪鑑定については，それが指紋による個体識別のような絶対的なものではなく，それのみをもって犯人を特定する証拠にはできないと，その信用性を批判した。

　一審の法廷は，弁護側のこうした主張をほぼ完全に受け入れた形で，無罪判決を下した。目撃証言については，それぞれの証言の変遷過程や矛盾の構造を細かく検証したうえで，その信用性に疑問を投げかけていた。とくに，吉岡供述の検討は子細であり，それが「重要な事項につき，異常といっても過言ではないほどに変遷を重ねている」と，極めて厳しい評価を下している。

　しかし，この判決は控訴審で覆されることになる。1995年2月9日に下された控訴審判決は，吉岡を中心とした目撃者たちの最終的な供述内容を大筋で一貫していると評価し，また，供述間にみられた部分的な不一致などはむしろ捜査官による強引な誘

導がなかったことを示唆するものであるとした。吉岡の証言のなかに登場したため警察の事情聴取を受けることになった目撃証人のなかには，その後の弁護人による事情聴取で，それまでの証言を翻し，目撃の事実を否定する者もあったが，こうしたことは，弁護人の誘導によるものとされた。毛髪鑑定については次のように判示した。仮に毛髪鑑定に誤りがあったとしても，それは，現場に被告人がいたことを積極的に否定するものではなく，被告人が現場である被害者の自宅にいたことを示す物証が不在であることを示すに過ぎない，と。完全な逆転有罪判決である。

　この判決における毛髪鑑定の解釈は詭弁ともいえる苦しいものであり，控訴審判決も，この物証を主たる根拠として被告人の有罪を判断したとは考えにくい。一方，目撃証言に関しては，一審と控訴審の間で，まったく相反する判断が示された。この事件の目撃証言には間違いなく多くの変遷と不一致がみられる。それは虚偽の兆候なのか，あるいは，大筋で一貫した信用性のある供述の些細な揺らぎなのか。町田と弁護団は最高裁への上告を決めた。錯綜する目撃証言に三たび検討が加えられることになった。

(4) 鑑定依頼

　吉岡証言を中心とした目撃証言の信用性について心理学的な視点から意見を述べてほしい。上告の手続きを進めていた弁護団から東京供述心理学研究会に鑑定依頼が持ち込まれたのは，1996年初夏のことであった。
　私たちは早速，弁護団から送られてきた資料の検討に入った。作業はいつものように資料の下読みから始まった。調書はもちろんのこと，現場検証記録，事件当夜の検問の状況などが記載された捜査報告書，遺体の状況などに関する法医学的な記録類，血液型や毛髪などに関する鑑定書など，読むことができる資料を，その種別にかかわらず，とにかく日付順に読んでいった。
　下読みは研究会のメンバー全員が集まり，資料を交代で朗読していく形式をとった。これまでの事件では，メンバー各自があらかじめ資料を読んでおき，研究会の場では気づいたことや発見したことを出し合って討論する形式をとっていた。しかし，このやり方では，メンバーごとに読みのポイントやアクセントが異なっていたり，思い込みによる誤解があったりしたため，研究会が分析に向けた議論ではなく，資料の内容整理や確認に終わってしまうことがしばしばあった。そこで今回は，はじめに全員で資料を読み共通理解を作っておくほうがよいだろうと判断したのだ。東大本郷キャン

パス，赤門を入ってすぐの教育学部の一室で，私たちはほぼ一夏を使ってこの作業に取り組んだ。

　下読みを進めるうち，鑑定のポイントとなりそうなものが少しずつみえてきた。最も興味深かったのは，各証言の出現のタイミングとその後の変遷の構造だった。吉岡供述を端緒として次つぎに登場する証言者たちの供述は，変遷し矛盾しつつも互いに支えあっているかのように感じられた。とくに吉岡供述と，そこに欠けている犯行現場近くでの町田の行動を説明する長島供述とのバランスは絶妙だった。しかも，それは個別に聞き取られた目撃供述がうまくかみあって結果として出来事の全体像がみえてくるといった単純なものではないように思われた。うまく説明できないが，何か別の力が働いているように感じられた。バラバラになったジグソー・パズルのピースが組み合わされ，1つの絵柄が完成するような過程ではなく，絵柄を構成するピースそのものの輪郭が，繰り返される供述のなかで徐々に作り出されていくような印象である。

　私たちは，弁護団の鑑定依頼を引き受けることを正式に決めた。研究会のメンバーの1人である，原聰が担当となった。その後は，原の鑑定プランをメンバー全員で検討するという長い作業が繰り返されることとなった。

2節　目撃証言の概要

　吉岡供述は，この事件の供述世界全体を動かす力の中心にある。吉岡供述は，犯人＝町田という図式の源であり，彼の供述から，次つぎと目撃者が浮かび上がり，また消えていった。吉岡供述こそが一連の目撃証言群の核である。捜査官は，この事件の構図を吉岡供述によって初めて知った。この事件に関する警察の仮説は，吉岡供述に基づいて構築されたといっても過言ではない。

(1) 吉岡供述の概要

　吉岡供述は複雑で，一読しただけではなかなか全体像を把握できないやっかいな証言である。私たちも下読みの段階で大いに苦労した。表5-1は一審で検察が提示した吉岡供述の内容を大まかに整理したものだが，これをみても吉岡供述がやっかいなものであることはおわかりいただけると思う。

●表5-1　吉岡供述の概要

ステージ	日時	出来事
第1ステージ <コーポ畑野> 町田, 長島が シンナーを誘いにくる	3/19 21:00〜	・町田が吉岡と彼が同棲している岡ゆきこ（仮名）が住むコーポ畑野（仮名）にトルエンの一斗缶をとりにきた。 ・町田は「女のところに行く, 長島哲也もいるので一緒に行かないか」と吉岡を誘い, 吉岡の部屋からどこかに電話をかけた。電話からは女の声が聞こえた。 ・町田と吉岡がいっしょに外にでると白いスカイラインの運転席で長島がシンナーを吸っていた。 ・吉岡は当夜覚醒剤取引の約束があったので町田の誘いは断った。 ・吉岡はコーポ畑野にいたが暇だったので知人の安田智久（仮名）に電話をし, たまたま安田方にいた磯田義樹（仮名）とともにスナック・マイアミビーチ（仮名）で遊ぶことにした。
第2ステージ <マイアミビーチ> 組事務所からの連絡	3/19 22:00〜 23:00	・同店で遊んでいると吉岡が所属する暴力団の組事務所からポケットベルが入った。 ・電話をすると事務所当番の渋谷康弘（仮名）が「長島というから電話があって, 吉岡の居場所の電話番号を教えてくれといっている」などと言われたためマイアミビーチの電話番号を教えた。
第3ステージ <マイアミビーチ> 血をつけた町田が長島とともにやってくる。	3/20 0:00〜 1:00	・マイアミビーチに町田から電話があり「人を殺してしまった。どうしていいのかわからない」などと言ってきた。 ・マイアミビーチまで来るようにいったが場所がわからないというので磯田を近くの高校にまで迎えにいかせる。 ・しばらくすると磯田が戻ってきて「とにかく, あいつ変なんや, 血だらけや」などと言った。 ・店の前にとめてあったスカイラインには長島と町田が乗っていた。後部座席に乗り込んで車内灯をつけると町田の顔, 首, 上着, ズボン, 手の外などに血が付いているのが見えた。 ・町田に何があったのかと問いただすと, ろれつの回らない口調で何か言った。女の子を殺してしまった, ということは聞き取れた。
第4ステージ <メゾン葉山> 町田を匿う	3/20 1:00〜	・吉岡はマイアミビーチにいた知人から乗用車スプリンターを借り, 磯田にスカイラインを運転させて町田と長島をかつて交際していた三嶋彰子（仮名）が住むメゾン葉山につれていった。 ・三嶋に「今, 喧嘩してきてやばいので, しばらく匿ってやってくれ, 風呂にも入れてやってくれ」と頼み, 町田と磯田を残してスプリンターでマイアミビーチに戻った。 ・午前2時頃になってスプリンターを借りた知人にコーポ畑野まで送ってもらう。
第5ステージ <組事務所ほか> 覚醒剤取引	3/20 2:00〜	・コーポ畑野に岡ゆきこが帰宅 ・午前3時頃, 覚醒剤の取引先から電話があり覚醒剤をとりにくるように言われる。 ・タクシーで指定先までいく。 ・午前4時頃同じタクシーで組事務所まで行き, そこにいた渋谷を誘い組本部長のキャデラックに乗りメゾン葉山に覚醒剤を打ちにいく。 ・このとき渋谷に対して「町田が人を殺したと言って血だらけになって来たんやけど, どうしよう」などと相談した。
第6ステージ <メゾン葉山> ラリっている町田	3/20 4:00〜	・メゾン葉山に到着したが, すでに磯田はいなかった。 ・シンナーを吸っていた町田に渋谷が「おまえ人を殺したのか」などと聞いていたが「ラリって」おり返事はなかった。 ・渋谷, 三嶋とともに覚醒剤を打った。 ・町田に「30分くらいしたらコーポ畑野にくるように」と言い, 渋谷とともにキャデラックでコーポ畑野に戻る。
第7ステージ <コーポ畑野> うなされる町田	3/20 6:00〜 7:00	・町田がコーポ畑野にやってくる。 ・風呂に入れ着替えさせる。 ・寝かせたが町田は大声で呻くなどした。
第8ステージ <車中> 衣類の遺棄	3/20 15:00〜	・町田が目をさましたので一緒に町田の自宅に向かった。 ・途中, 町田から詳しい犯行の様子を聞いた。 ・血のついた町田の衣類などを近所の川に捨てた。

吉岡は深夜の福井市内を動き回る暴力団員とその関係者の日常，そして，そこに挿入された殺人事件という非日常を，多数の登場人物の行動を絡み合わせることによって立体的に描きだしている。実際の供述は，表5-1に示した骨子にさらに細部が肉づけされており，たしかに具体的かつ迫真性のある証言といってもよいものに仕上がっている。もしこの証言が事件直後に語られ，その後大きな変遷をみせず，また，他の目撃者からもすぐ裏づけがとれていたならば，極めて信用性の高い証言と判断されてもおかしくない。だが実は，吉岡がこの目撃について最初に語り始めたのは，事件後7か月も経ったころであり，また，最初の供述は非常に短く，かつ，表5-1に示した出来事の流れとは大きく異なるものだった。それは次のようなものである。

　3月20日午前6時頃，右足のふとももに血をつけた町田がコーポ畑野にやってきた。

　この供述は時間的には表5-1で示した第7ステージの一部に対応するが，第3ステージで血をつけた町田を目撃したという最終供述と一致しない内容である。最終供述と大きく食い違うこの非常に短い目撃証言が，17通の員面，9通の検面を通し，数多くの登場人物を巻き込みながら，徐々に膨張して表5-1に示した一連の供述へと展開していったのである。

（2）吉岡供述の変遷と矛盾

　吉岡供述には膨大な数の変遷がみられるが，一審判決でも詳細に検討された重大な変遷を表5-2にまとめた。それは6つからなる。
　検察が法廷で示した最終的な供述内容をみると，吉岡供述はいかにも具体的で詳細である。しかし，それは事情聴取の初期段階で一気に語られたものではなく，表5-2に示した紆余曲折を経て生み出されたものであった。この変遷の評価が1つのポイントとなる。
　一審は，こうした生成過程を虚偽の兆候と判断した。たしかに，吉岡供述には詳細さ，迫真性がある。しかし同じような詳細さ，迫真性が，変遷前の供述にも変遷後の供述にも，どちらにもみられるのだ。これではどの段階の供述を信用すればよいか判断しようがない。
　これに対し，控訴審は，吉岡供述が大筋で一貫していると判断した。控訴審判決にとって，こうした変遷は，些細な揺らぎと判断された。では，これほどの変遷をみせ

ている供述を二審はなぜ信用できると判断したのだろうか。

その理由は，二審判決の構成をみると推測できる。二審判決では町田犯人説の端緒となり，また事件全体の基本的な構図を提供した吉岡供述の信用性を評価する前に，長島供述の評価を行っているのである。長島供述はもちろん町田と長島が行動をともにしていたという吉岡供述を端緒に現れたものであるが，初期にある程度の変遷をみせて以降，その内容に揺らぎはほとんどみられず一貫していた。しかも長島供述は町田と犯行現場をつなぐもっとも直接的な目撃証言であった。

二審判決は，その安定性を主たる根拠として，まず長島供述の信用性を肯定的に評価したのち，吉岡供述の検討に移るという構成になっている。犯行に最も近い場所での目撃証言である長島供述の信用性が認められれば，その周辺で展開した出来事について語っている吉岡供述も「大筋で」信用しても差し支えないだろう。これが二審判決のとった論理であった。長島供述の信用性が，吉岡供述の信用性評価の足場となっていたのである。

（3）長島供述の内容と変遷

では長島供述とはどのようなものであったのだろうか。表5-3に長島の最終的な供述内容を示す。吉岡供述と対応させながらみてもらいたい（長島供述は吉岡供述の第1ステージから第3ステージにほぼ対応した時間帯における出来事について語っている）。

一審判決によれば，長島が警察の取り調べを最初に受けたのは，1986年12月21日頃であり，その後10回ほど取り調べを受けているが，当初は，事件とのかかわりを否定していた。長島が事件との関係を認める供述を開始したのは，1987年1月24日になってからである。しかしながら，関係を認めた当初の供述内容は，ここに示したものとは異なっていた。具体的には，次のようなものであった。

> 事件当夜，団地内には入っていない。団地近くの公園で町田を車から降ろした。町田が車にもどってきて手に血がついているのに気づいた。町田は吉岡のところに行ってくれといったが自分は行かず，自宅にもどってから町田に車を貸した。

この供述には，Dステージ後半以降のストーリーが完全に欠落している。そして，この2日後（1987年1月26日）の取り調べで，団地内に入ったこと，義兄宅に行った

●表5－2　吉岡供述の変遷

	変遷の内容	説明
＜変遷1＞ 衣服に血をつけた町田を最初に目撃した場所と時間	3月20日午前6時に町田がコーポ畑野にきたとき ↓ 3月20日午前0時頃にマイアミビーチにやってきたとき	吉岡は、当初は、事件当夜、服に血をつけた町田に最初に会ったのは、3月20日午前6時頃、コーポ畑野に町田がやってきたときだったと供述していた。そこに後になってから、マイアミビーチでのエピソードが挿入されている。 この変遷について、吉岡自身は次のような説明をしている。すなわち、自分は、はじめから第1ステージから第8ステージまでの記憶をもっていたが、警察が町田から詳しい事情をきけば関係者の名前はわかってしまう、自分の口から関係者の名前をだして迷惑をかけたくなかった、情報を小出しにして保釈に結びつけたかった、といった理由で隠していたというのである。
＜変遷2＞ 町田とともに犯行現場近くまで行ったとされる人物について	被告人が一人でコーポ畑野にきた ↓ 永島隆志（仮名）が被告人と一緒にきた ↓ 長島哲也が被告人と一緒にきた	吉岡供述は、この点について、幾度も変遷を重ねている。吉岡は、はじめ、町田が3月20日午前6時ごろ、1人でコーポ畑野に来たと供述していたが、その後、町田1人ではなく吉岡の知人である永島隆志と一緒であったと供述を変更、更に、3月20日の午前1時頃にスナック・マイアミビーチに血をつけた町田と永島が一緒にやってきたと供述を変更している。更にその後、町田と行動をともにした人物に関する吉岡供述は、大きく変遷する。町田と行動をともにしていたのは、永島隆志ではなく長島哲也という名字が同じ読みの別人であったというのである。 永島隆志は、吉岡供述に登場したため警察の事情聴取をうけたが、事件との関係を強く否認し、このため、犯人隠匿容疑で逮捕された。しかし、逮捕後も一貫して否認を続けた。その後、永島が町田を乗せていたとされる乗用車を、事件当夜、長島哲也が貸し出していたことが判明したため、警察は永島を釈放し、吉岡に改めて説明を求めた。すると、吉岡は、今度は、町田とともにやってきたのは永島ではなく、実は長島であったと証言を翻したのである。 長島哲也の名前をださなかった理由として吉岡は、途中で記憶違いに気づいていたが、長島は吉岡が所属している暴力団の先輩格にあたり、また、長島の父親は組の相談役であったため、彼の名前を告げることに躊躇していたと説明している。
＜変遷3＞ 3月19日にマイアミビーチに行き、遊んでいた状況	井上良信（仮名）・米沢辰夫（仮名）と一緒にマイアミビーチに行く ↓ 安田・磯田とともにマイアミビーチに行き、後で、井上、米沢、渋谷義文（仮名）が店にくる ↓ 安田・磯田とともにマイアミビーチに行き、後で、井上、米沢が店にくる	最終的な吉岡供述の内容は、第2ステージに示した次のようなものであった。 ・吉岡はコーポ畑野にいたが暇だったので知人の安田智久に電話をし、たまたま安田方にいた磯田義樹とともにスナック・マイアミビーチで遊ぶことにした。 ・同店で遊んでいると吉岡が所属する暴力団の組事務所からポケットベルが入った。 ・電話をすると事務所当番の渋谷康弘が「長島というのから電話があって、吉岡の居場所の電話番号を教えてくれといっている」などと言われたためマイアミビーチの電話番号を教えた。 しかし、最初の供述内容は、次のようなものであった。 ・3月19日午後ごろ、友人の井上良信と米沢辰夫がコーポ畑野に来たので、3人でマイアミビーチへ行き、20日の午前2時頃まで遊んでからコーポ畑野に戻った。 その後の供述では、第2ステージで示したように、 ・3月19日午後10時頃、安田智久に電話をして、たまたまそこにいた磯田義樹とともにマイアミビーチで遊ぶことにした、

			と供述したが，途中の供述では，安田は店に入ることなく帰宅し，磯田と遊んでいた午後11時頃，井上と米沢と渋谷がやってきたことになっている。渋谷については，磯田とともに渋谷の乗用車を借りメゾン葉山に向かい，途中で磯田をおろしたと供述していたが，後になって，渋谷は，マイアミビーチにやってこなかったと供述を変更している。
<変遷4> マイアミビーチに電話をしてきた人物	永島隆志がマイアミビーチに電話をしてくる。 ↓ 長島哲也がマイアミビーチに電話をしてくる。 ↓ 町田本人がマイアミビーチに電話をしてくる。		事件当夜，町田と行動をともにしていた人物が永島であったと証言している段階では，吉岡は，暴力団事務所に吉岡の居場所を問い合わせ，マイアミビーチに電話をしてきた人物を永島であると供述していた。この供述段階では，吉岡は，永島とのやりとりについて，次のように供述していた。 「20日午前零時ころ，ポケットベルが鳴ったので組事務所に電話をすると，当番の渋谷康弘から『永島というのから吉岡の居場所を教えてほしいとの電話があった』と聞いて，マイアミビーチの電話番号を伝えたところ，2，30分して永島からマイアミビーチに電話があり，『吉岡さんですか。永島ですけど，今コウちゃんが気狂って人殺してもたんや』などと言ったので，『とにかくここへ来い』と言ってマイアミビーチの場所を説明し，午前1時ころ，永島が被告人といっしょにマイアミビーチに来た」。 その後，この供述のうち，永島にあたる人物が，長島哲也に入れ替わる。さらに，第3ステージとして示した最終供述では，町田本人がマイアミビーチに電話をかけてきて「人殺してしもたんや」と言ったという内容に変わっていく。
<変遷5> 町田らをマイアミビーチまで連れてきた状況	永島と町田が直接マイアミビーチにやってきた。 ↓ 渋谷に乗用車を借り吉岡と磯田が2人で近所の高校前まで行き，吉岡は先に戻った。 ↓ 磯田1人を迎えにいかせる。		最終的な供述において吉岡は，町田からの電話があった後，マイアミビーチの場所がわからない町田と長島のために，磯田義樹を高校付近まで迎えにいかせたと述べている。しかし，長島が登場する前の初期供述では，永島と町田が直接マイアミビーチにやってきたと供述していた。その後，町田と同行していたのが長島であったと供述を変更した際に，それにあわせて，町田本人からの電話を受けた後に，渋谷から乗用車を借り，吉岡と磯田が高校まで行き，磯田を学校前に残し，自分はマイアミビーチに戻ったと，吉岡は供述を変更した。さらにその後の供述では，第3ステージのように，自分は迎えには行かず，磯田だけを行かせると供述を変えていく。
<変遷6> 血の付いた衣類の処分について	衣類は町田が持っていった。 ↓ 衣類は川に捨てた。(靴，靴下は捨てていない) ↓ トレーナーは福井市内に隠してある。 ↓ 隠し場所を忘れてしまった。		事件の翌日，町田とともに血のついた衣類を処分した状況について，吉岡供述は変遷を繰り返している。先ほど最終供述としてあげた第8ステージでは，川に捨てたとされているが，この供述内容は，ここに至る前に大きく変遷しているのである。 当初，吉岡は，血の付いた衣類はビニールの買い物袋に入れ，町田が持ち帰ったと説明していた。その後，衣類は，町田を送る途中で，川に捨てたと供述を変更した。この供述の時点では，捨てたとされる衣類は，コール天地のジーンズ，青っぽい灰色のズボン，白色トレーナー，靴下一足，靴一足であり，どれにも血が付いていたとされる。その後，吉岡は，靴は捨てていなかったと変更し，更にその後，靴下を買い物袋に入れたかどうかははっきりしないと供述内容を修正している。公判が始まってからも供述内容は変遷し，「白っぽいトレーナーは，ビニール袋には入っておらず，福井市内のあるところに隠してある，今は言えない，福井に戻してもらわないと提出しにくい」と言い，とうとう最後には，「8月に最後に見たが何度も隠し場所を変えているので，現在の隠し場所は忘れていて言えない」と証言するに至っている。

5章　福井女子中学生殺人事件―たくみな供述者へのアプローチ―

●表5−3　長島供述の概要

ステージ	日時	出来事
Aステージ <自転車店他> 渋谷義文から車を借り自転車店でゴムのりを買う	3/19 20:00～	・タクシーを呼び知人の井本信之助（仮名）宅に行ったが不在だった。 ・そのタクシーで自宅であるつくも荘（仮名）に戻った。 ・知人の渋谷に電話をしたら家にいたのでタクシーをひろって渋谷宅まで行った。 ・渋谷をアンパン（シンナー吸引）に誘ったが断られたので，純トロ（純度の高いシンナー）をとりにいくので車を貸してくれと言い，渋谷のスカイラインを借りた。 ・その車で自転車店に行き吸引用にゴムのりを一缶買った。
Bステージ ※吉岡第1ステージ <コーポ畑野> 吉岡宅前で町田と出会う	3/19 21:20頃	・吉岡の住むコーポ畑野に行ったが，以前吉岡に部屋ではシンナーをしないでくれと言われていたのを思い出したのでマンション前に車をとめてゴムのりを吸引していた。 ・マンションの前に町田が立っているのを見つけ声をかけた。 ・町田が一斗缶を持ってきて，いい所があるので行こうというので長島が運転するスカイラインで被害者宅のある団地近くの公園に向かった。
Cステージ <被害者の住む団地> 車を降りた町田が興奮して戻ってきた	3/19 21:40頃	・公園で車をとめ一斗缶のシンナーをビンに移してから再度車を走らせて団地内に入った。 ・団地内で車を止めると町田は「行ってくるからちょっと待ってて」と言って車を降りた。 ・車内でシンナーを吸っていると20分から30分して町田が戻ってきた。 ・町田は興奮したような荒い息づかいで「あかんかった」と言って車に乗り込んだ。 ・町田にシンナーを注いでやろうと車内灯をつけると町田の右手に少し血がついていた。 ・「どうした」と聞くと「けんかしてきた」と答えた。
Dステージ ※吉岡第2，3ステージ <車で移動> 吉岡と連絡をとる	3/19 22:00頃	・町田が義兄のところに行きたいというので長島の運転で向かった。 ・町田の義兄の家まで行くが不在であった。町田が吉岡のところに行ってくれと言ったのでコーポ畑野に向かった。 ・途中町田は「あの女，馬鹿野郎」などとぶつぶつ言っていた。 ・コーポ畑野に言ったが吉岡は不在だったので，町田は電話で連絡をとろうと何度も車を乗り降りしていた。 ・何度目かの乗り降りのときに町田の服の胸の部分全体に血がついているのに気づき「ひどいけんかやったんやな」と声をかけると「逆らうと腹立ったんや，逆らうから悪いんや，中学生の女を刺したんや，殺してもたんや」と言った。自分はシンナーを吸って大げさに言っていると思い信用しなかった。 ・吉岡と連絡がとれたようで町田に高校の方に行ってくれと言われたので車で向かった。
Eステージ ※吉岡第3ステージ <高校前> マイアミビーチで吉岡に町田を引き渡す	3/20 0:00頃	・高校の前についたが誰もいなかった。 ・町田の言うとおりに神社前までいくと男が立っていたので車に乗せた。 ・男の指示に従ってマイアミビーチに行き吉岡に町田を引き渡した。

こと，コーポ畑野に行ったこと，スナック・マイアミビーチに行ったことなどが加わることとなる。ただし，この時点ではまだ，Dステージにある「中学生の女を刺したんや。殺してもたんや」といった町田からの犯行告白は受けていないことになっていた。長島が，Dステージで，町田から犯行を告白されたと語り始めたのは，2月6日のことであり，この日以降，上に示したAからEステージの内容で供述はほぼ一貫することになる。

3節　目撃証言の特徴

　下読みを終え，原を中心に予備的な分析を開始した私たちは，この事件の複雑な供述世界の特徴を徐々に具体的なイメージへと形成していった。この時点で私たちが気づいた目撃証言の特徴は，以下の2点に集約される。

(1) 供述者間の分業

　変遷を重ねている吉岡供述は，それ自体で完結しているのではなく，自分が登場させた人物たちの供述に支えられることで成立している。吉岡供述だけを取り出したときにみえてくる露骨な変遷や矛盾は，長島を中心とした証人たちのより安定した供述によって絶妙にカバーされているのである。吉岡供述を端緒として捜査線上に浮かび上がった人々が，今度は，単純だが比較的安定した供述を維持することで，あの夜の出来事の基本的な構図が，それなりにしっかりとでき上がってしまう。そして，その構図の安定性が，吉岡供述の不安定さをクッションのように包み込んでしまう。事件の基本的な構図，具体性，迫真性を吉岡の供述が用意し，一方，そこに欠けている一貫性は他の供述が確保する。そういった奇妙な分業が，この事件の供述世界にはみられる。供述がそれぞれ自立した内容をもち，それが組み合わされることで事件全体の構図が立体的に構成されているのではなく，各供述が互いに依存し合うことによって，全体としては，具体性，詳細さ，一貫性を兼ね備えた証言世界が生み出されている。吉岡供述に取り組むには，彼の供述と他の目撃者の供述，とりわけ長島供述との支え合いの構造を具体的に解明する必要がある。私たちはそう考えた。

（2）吉岡のたくみさ

　私たちは吉岡供述のもう1つの重要な特徴に気づいていた。それは彼が体験に基づかない出来事でも具体的かつ詳細に語ることのできるたくみな供述技術をもっているということだ。吉岡は変遷を重ねても，それなりに筋の通った複雑なストーリーを語ることができる。見事な供述世界を紡ぎ出していく吉岡のたくみさは，一体，どこからくるのか。研究会のあと調書の朗読や議論で嗄れた喉をビールで潤しながら，私たちは，いつもこのことについて話し合っていた。吉岡は天才的な嘘つきなのか。あるいはそのたくみさは，事件と関係したなんらかの体験と結びついたものなのか。

　吉岡が勾留中の自分の立場を有利にするため，この事件に関する証言をカードのように使って捜査官と駆け引きをしていたことはおそらく間違いない。だがその証言内容がまったく根拠のない空想であるとも思えない。浜田が指摘しているように，嘘は事実を下敷きに生み出される。嘘とは，まったくあり得ないことを語る空想と異なり，事実の一部をずらし，入れ替えることによって生み出される（浜田, 1998）。そうでなければ，嘘で人をだますことはできない。

　それでは，吉岡が下敷きとした事実とは何なのか。私たちは，それが吉岡を含む，この事件の関係者たちの日常生活にあるのではないかと想像した。彼らは，深夜の福井市街を車で移動しつつ，友人と連絡をとって一緒に遊び，やがてまた，どこか別々の場所へと移動していく。喧嘩や酒や薬物によるトラブルがあれば，再び連絡を取り合って事態をおさめる。特別な目的をもたずに毎夜動き回る彼らの生活では，吉岡供述にみられるようなエピソードが，日付は異なるものの数多くあったに違いない。吉岡供述は，彼らの生活においてよく経験しているような日常的なエピソードたちをたくみにコラージュして下地とし，そこに，新聞報道や知人からの情報収集で得られた情報を組み合わせ，作られたものなのではないだろうか。もしそうであれば，吉岡は，3月19日から20日にかけて事件に関連した体験をしていなくても，具体的で詳細な証言を，それなりに生み出すことができるのではないだろうか。他の証言者についても，日常生活のなかで似たようなエピソードを経験していて，かつ，適当なヒント（たとえば「町田がシンナーでラリって夜中にやってきたことはなかったか？」）が与えられれば，吉岡証言とそれほど矛盾しない証言を自発的に行うことが可能だと思われる。細かな矛盾や欠落は，捜査官との駆け引きのなかで調整していけばよい。

　これは，なかなかありそうな仮説であり，話としてはおもしろい。だがしかし，この仮説の検証は困難である。事件当時，関係者たちが日常生活のなかで体験した出来

事を確認することはもはやできない。そうした外在的な根拠に頼ることができないとすれば，吉岡供述内部の分析から，日常的なエピソードのコラージュの痕跡を抽出しなければならないことになる。吉岡供述の不可解で豊かな語りのどこかに，コラージュの痕跡が隠されているはずだと信じ，私たちは具体的な分析の方法を模索していった。

4節　分析手法

　資料の下読みを終え，原を中心として予備的な分析と議論を私たちは重ねた。そこで，私たちがとりあえず得た作業仮説を要約すれば次のようになる。

① 二審判決が認定した吉岡供述の見かけ上の一貫性は長島供述を中心とした他の目撃者の証言群に支えられ成立している。
② 吉岡供述の具体性，詳細さは日常的なエピソードのコラージュによって作り出されている。

　私たちはこの作業仮説を軸に具体的な分析を進めていくため，浜田の供述分析を用いることに決めた。これまで何度か述べてきた通り，それまでの鑑定作業をとおして私たちは供述分析という手法には，「外在的な理論のあてはめ」（4章参照）といったいくつかの問題があるのではないか，という疑念をもっていた。しかし私たちはこうした問題も含め，供述分析の手法を本格的に実践したことはなく，疑念は漠然としたものだった。それが誤解に基づく可能性も十分にある。ここまでみてきたように，この事件では複数の目撃証言が変遷を重ねながら絡み合い，それが膨大な供述調書に記録され，分析可能な資料の主要な部分を占めている。足利事件とは異なり供述調書の分析を二次的に位置づけることはできない。供述分析の手法を実際に使い，その可能性と限界を探るには格好の素材である。私たちは本格的な供述分析に挑戦することを決め，原は早速資料の詳細な検討に入った。

　だが分析作業は極めて困難なものだった。原は吉岡供述を中心に，その供述内容と変遷の過程を丁寧に整理していった。しかし上でみた通り，中心となる吉岡供述だけを取り出しても，その内容と変遷の過程は非常に複雑であり，そこにどのような構造やダイナミズムを読み取ればよいか見当もつかない状況が続いた。研究会のたびに原が用意するレジュメには，発見された変遷や矛盾のリストだけが増えていった。供述

分析ではふつう，個々の供述者にみられる変遷や矛盾の構造を洗い出したのち，供述内容の付加や消失あるいは変容などが供述者間で連動・連関している可能性を検討するが（ヨコの分析），とてもそうした分析までたどり着けそうもない状況だった。

何度も議論を重ねた結果，結局私たちは，この事件の柱となっている2人の供述者，吉岡と長島の供述の分析に集中することにした。作業仮説①については限定的に検討せざるを得ないと判断したのである。浜田は私たちの研究会にやってきたとき，供述の全体構造を把握することの重要性を繰り返し強調していた。しかし私たちは，吉岡の供述のなかに登場した人々によって織りなされる途方もなく複雑な供述世界の全体像をとらえることはできなかった。

5節　第一鑑定

「福井女子中学生殺人事件における長島哲也・吉岡忠義供述の信用性に関する心理学的供述分析」というタイトルがつけられた鑑定書の草稿を原が完成させたのは，翌1997年の春だった。依頼からほぼ1年後である。

私たちの当初の作業仮説では分析のターゲットはあくまでも吉岡供述であった。しかしこの鑑定書は，長島供述の分析から吉岡供述の分析へと進む構成になっていた。この構成の流れは，目撃証言の信用性を認める判断を示した控訴審判決と同じである。控訴審判決は変遷や矛盾が多く扱いがやっかいな吉岡供述を付随的なものと位置づけ，安定して扱いが容易な長島供述の信用性をまず確保するという構成になっていた。このような判決がすでに存在している状況のなかで，最もインパクトのある鑑定は，何よりもまず長島供述の信用性を崩すものであるはずだ。長島供述から吉岡供述へという鑑定書の構成には，私たちのこうした戦略的な判断があった。

だが実をいえば，こうした決定の背後には，本来のターゲットであるはずの吉岡供述をとらえる術が見つからなかったという「挫折」があったことも事実である。吉岡供述は検討すればするほど変遷や矛盾に満ちていることがわかり，直感的にはまったく信用できないものであった。だが変遷や矛盾を並べ立てて吉岡の「いいかげんさ」をわめいていても鑑定にはならない。彼のたくみな供述のなかにみられる「いいかげんさ」の構造を解明しなければならないのに，そのための分析単位が私たちには発見できなかったのである。私たちは，吉岡との直接対決を避け，「次善の策」をとらざるを得なかった。

だがこの「次善の策」も成功しなかった。提出した草稿を読んだ弁護団は私たちの鑑定の有効性を認めなかったのだ。弁護団から指摘された最大の問題点は，分析が長島・吉岡両供述の外在的な批判にとどまっていたことだった。具体的に分析例をみていこう。

（1）長島による目撃体験否認の理由づけ

長島は，事件の翌日，女子中学生殺害を報じる新聞を読み，もしかしたら町田が犯人かもしれないと考えたが，結局その考えを否定したと供述している。その理由について彼は一審の法廷で次のように語っている。

> 傷害事件起こした後でもありますし，小さな男の子がいるもんで，やっぱりいやだなと思って，かかわり合うのがね，そういう事件に。もしあいつだったら，歩いたと言われて，後でそうなるんじゃないかなと，自分で嫌だなと思いながら，いや，そんなことないよなって，あれ，やっぱりよう似とるけど違うなって，自分にいいように言い聞かせていました。（尋問調書33丁）

次に，この新聞報道から1年近くが経過し，警察の事情聴取を受けた際に事件との関係を否認・隠蔽していた理由に関する長島の供述をみてみよう。1987年2月6日付の上申書である。

> 今までの事情聴取で隠していたことがあるのです。それは町田自身俺に「さかろうたから刺し殺したんや」と言っているのですが，それを警察に言うと犯人を俺が隠したと思われ逮捕されるのでないかと不安があったからです。と申しますのは，俺が昭和61年4月26日福井署に逮捕され傷害罪で懲役1年執行猶予3年保護観察3年の判決を受けている身であり，また俺の女房が身重なのでまた俺は殺人の現場に行っていないためかかわり合いたくなかったので真実を言えなかったのです。（1～2丁）

このように長島は異なる時点（事件の翌日と1年後），異なる状況（自宅と警察）において，同じ理由（「保護観察」と「子ども」）で事件と自分の関係を否認したと供述していた。鑑定書は，他の供述箇所についても検討したうえで，このように同じ理

由づけが用いられるのは「了解しがたい」と批判する。

　事件のことを知った直後，とっさの反応として，自分が執行猶予の身であることや家族のことを思い浮かべ，面倒なことに関わり合いたくないと思う気持ちは，それなりに了解可能である。しかし，その後1年近くも事件との関わりを心に秘めた後で，いよいよ警察に告白を迫られている状況においても，まったく同じ理由しか考えないものであろうか。この状況は，心理的には，1年近くもの否認体験という辛い作業に終止符が打たれる場面であり，そうした困難な心理的課題から解放される場面である。あるいは，こうした長島の苦労がすべて水泡に帰する場面ともなり得る。したがって，もし長島が本当に事件当夜，町田と行動をともにしていたとすれば，事件から1年あまり経った事情聴取段階で，事件とのかかわりを否認したり，殺人告白について隠蔽した理由のなかに，その記憶を1年もの間自分一人で抱えてきた者の葛藤や戸惑いが現れてくるはずではないだろうか。少なくとも，体験直後の出来事への反応とは質的に異なるなんらかの内容が付け加えられていなければ，不自然である。こうした行為の理由づけの平板さは，長島が事件当夜の体験を有していないことを示唆する重要な兆候となるはずだ。

　すでにお気づきのことと思うが，この分析は，「人は通常このように行動するものだ」という基準を設定し，それにしたがって対象となる供述の「了解可能性」を評価する手順をとっている。これは，私たちが一貫して避けようとしてきた外在的な分析である。

（2）吉岡が町田の犯行に気づいた時点

　吉岡供述の分析も同様の問題を抱えていた。表5－2には示されていないが，吉岡は，町田が本当に人殺しをしたことに自分が気づいた時点に関する供述を何度も変更している。はじめは，コーポ畑野に町田がやってきた時点で，そのことに気づいたと供述していた。しかしその後の事情聴取では，第8ステージの車のなかでの告白時に初めて気づいたと供述を変更している。さらに公判段階になると，町田がマイアミビーチにやってきた第3ステージの時点に変化し，さらに，控訴審段階では，事件翌日になって車で犯行現場近くまで行き，そこに警察の車がいたのをみたときに気づいたと，供述内容を変更している。この変遷に関する私たちの分析は，次のようなものであった。

　この変更において問題となるのは，このような吉岡の認識の変化が，実際の行為の

変化に結びつかない点である。たとえば，（血のついた）衣類の川への投棄は，町田が殺人を犯したという認識があって，初めてその意味をもつものと考えられる。しかし，控訴審段階では，町田が人を殺したとの吉岡の認識時点は，衣類投棄より時間的に後の出来事であるはずの団地付近への移動時になってしまう。それにもかかわらず，衣類投棄という行為の供述は，そのまま残ってしまっていた。これでは，町田が殺人を犯したという認識なしに，衣類投棄という行為を行ってしまうことになる。これは，たしかに奇妙なことであり，吉岡供述のいいかげんさや体験性の希薄さの徴候とみても差し支えないように思われる。しかしながら，ここでも分析は「常識的に考えれば奇妙なことである」という水準を超えておらず供述の外在的な批判にとどまってしまっている。

　この鑑定書では，ここで取り上げた分析だけではなく長島，吉岡両供述の多様な側面について相当細かい検討を積み上げているが，そのどれもが変遷や矛盾を外在的に批判したものであった。このような分析では「普通はこうだ」「いや例外もある」といった常識（素朴心理学）の争いに，私たちもはまり込んでしまうだけであって，専門家による鑑定としての根拠が失われてしまう。そのことは私たちもすでによくわかっているはずだった。だが私たちは変遷と矛盾の抽出と整理を越えて，そこにあるはずの供述世界の構造とダイナミズムを取り出すための分析単位をどうしても見つけ出すことができなかった。後で検討するように，このような行き詰まりは供述分析という手法がもつある特性と深く結びついていると思われるのだが，この時点で私たちはまだそのことに気づいていなかった。私たちは複雑な供述世界に翻弄され，ただ戸惑うばかりだった。

6節　第二鑑定

　もう一度分析を立ち上げ直さなければならない。そこで考えられる選択肢は2つあった。

　1つは，作業仮説①にもう一度本格的に取り組むこと，つまり供述者間の連動・連関の構造の解明をめざすことである。吉岡と長島に限定せずに他の目撃者も含めたより大きな供述世界に目を向けることで，逆に吉岡を中心とした供述生成のダイナミズムをとらえる分析単位が発見できるかもしれない。最初の鑑定に失敗したことで，私たちは以前からもっていた供述分析という手法への疑念をいっそう深めつつあった

が，結論を出すのは，やはりヨコの分析に本格的に取り組んでみてからにすべきだろう。実際の分析作業を担当する原は，この選択肢にこだわりをみせていた。

　もう1つの選択肢は，足利事件での経験を活かし，供述特性の分析を試みる道である。供述者が一貫して用いる体験語りのスタイルを抽出することをめざすのである。この場合，鑑定書はよりコンパクトなものになるだろう。

　研究会では，鑑定の方針をめぐり，何度も意見が交わされた。しかし，私たちに残された時間はもうあまりなかった。最初に鑑定の依頼うけてから，かなりの時間が経過していた。どのくらい時間がかかるか予想できないヨコの分析をしている余裕はない。結局，私たちは後者のアプローチをとることに決めた。

（1）長島供述における移動の語りの分析

　私たちはさらに分析の対象を限定した。長島の供述特性だけを分析することに決めたのである。この時点で，吉岡供述の解明をめざした当初の作業仮説は放棄することになった。二審判決が足場としている長島供述の信用性についてとにかく確実な結論を得ることに，私たちは集中した。

　原が注目したのは，長島供述における移動の語りだった。表5−3でみた通り，長島供述は，彼が事件当夜自宅をでたのちさまざまな場所を移動していく様子がおもな内容となっている。控訴審判決は，初期の揺らぎを除けば，この移動に関する供述内容が控訴審にいたるまで8年もの間ほとんど変遷していない点を，非常に高く評価していた。だがこの評価は表層的なものであると，私たちは考えた。

　控訴審判決が一貫していると評価したのは，長島が語る移動の「経路」であった。だが移動の体験について語ることは，移動の経路を語ることにとどまらない。移動体験について語る者は，移動中に生じたさまざまな出来事やそれについての認識などについても語ることができる。たとえば，ある場所にいたら電話がかかってきて友人が遊びにこないかといった（移動のきっかけとなる出来事の発生とその認識），そこで友人宅に向かうことにして（移動の意図の発生），車で移動した（物理的行為としての移動の遂行）といった形式の語りである。実際の語りはこのように移動という行為に関わる複数の局面の系列として展開していくことが多いのではないだろうか。

　もちろん，移動という行為が実際にこれらの局面の系列として生じているのかということや，移動体験に関わる語りが常にこれらすべての局面に言及するものであるか，といった問題は，私たちが扱おうとしていることとは，まったく別の問題である。こ

のような外在的な基準を持ち込めば，再び私たちの鑑定は行き詰まるだろう。ここで重要なのは，事後的に構成される移動の語りが，こうした多層的な構造をもち得るということであり，またこれからみるように，実際に長島供述にはこうした構造がみられるということである。控訴審判決は長島供述のうち移動経路に関する局面の一貫性にのみ注目し，他の局面にはまったく目を向けていなかった。私たちが控訴審判決における長島供述の評価が表層的であると考えた理由は，ここにある。

　下読みの段階から，私たちは移動に関する長島供述には，何か奇妙なところがあると感じていた。供述内容に矛盾や齟齬があるということではなく（もちろんこうした問題もあったが），何か全体として供述が希薄なものになっている印象を受けていた。「長島はなんだか町田の操り人形のようだね」，私たちは何度もそう語り合っていた。長島供述を読んでいると，長島自身にとって事件当夜の移動がどういうものとして受け止められていたのかがみえてこない。彼は，町田が望むままに車を運転し，さまざまな場所へ移動しているように思われた。長島と町田の立場の違いを考えれば，これはとても奇妙なことである。町田は吉岡より格下であり，その吉岡の先輩格にあたるのが長島なのである。それが，長島供述のなかでは，長島本人が脇役になってしまっているのだ。もちろんこの「希薄さ」「奇妙さ」をそのまま取り出して提示しても外在的批判にとどまってしまう。

　原が新しい鑑定で取り組もうとしたのは，私たちが感じてきたこうした「希薄さ」や「奇妙さ」を長島の体験語りの構造的特性として描き出すことにあった。足利事件で私たちは，須賀供述に感じられた「希薄さ」の構造を解明することで，須賀供述の重要な特性（能動的行為者としての被害者の不在）を発見することができた。それと同じように，長島供述に私たちが感じ取った「希薄さ」や「奇妙さ」の内実に踏み込んでいけば，供述の信用性判断に結びつく何かが得られるかもしれない。新しい鑑定で私たちがめざしたのはこの可能性である。分析を具体的にみてみよう。

（2）移動の意図の発生に関する供述

　事件当夜の移動に関する長島供述は，移動経路に関する局面の他に，おおよそ次の2つの局面から構成されていた。すなわち，特定の場所での行為と実際の移動に関わる部分（以下「行為供述」と呼ぶ）と出来事の認識および移動の意図の発生に関わる部分（以下「意図供述」と呼ぶ）である。これら2つの局面について，その特性を明らかにするため，次に示す3つの手順で分析を進めることにした。

① 行為供述（場所とそこでの行為，移動の順序）に関する供述の安定性の確認
② 意図供述（出来事の認識と移動の意図の発生に関する供述）の変遷の検討
③ 行為供述と意図供述の関係についての検討

①の長島による行為供述の概要は，すでに表5-3で示したので，それを参照してもらいたい。ここでは新鑑定の中核部分である②の意図供述の変遷を中心にみてみよう。

まず原は，長島の意図供述の変遷のなかにみられる矛盾や奇妙な部分を取り出し整理した。以下にその一部を示す。

〈井本・渋谷宅への移動：意図の分裂（Aステージ）〉

タクシーを使った井本宅への訪問について，長島は当初，車をもっている井本を誘いどこか人目のないところへ行き，車のなかで一緒にシンナーを吸うという意図を語っていた。しかし，証拠として残っていたタクシーの配車記録から，長島は，自宅から井本が住む地域とは異なる地域に向かい，また自宅へもどったことが明らかであった。この事実は，長島の説明と矛盾していた。また，車のなかでシンナーをやりたいという意図があったにもかかわらず，タクシーを往復で頼んだ点も疑問である。ただし，この意図の説明は後に変遷し，「車のなかで」の箇所が欠落していく。しかし，この「車のなかで」という意図は，供述の別の箇所へと移動する。すなわち，井本が不在のため一度自宅にもどった後に，渋谷宅へ行くが，そこでも一緒にシンナーを吸うことを断られる。そしてその後に，「車のなかで」が現れるのである。初め1箇所での意図であったシンナー吸引の意図が後に2つに分裂し，その1つが「車のなかで」の箇所を保ったまま，供述の別の箇所に移動し現れたのである。すなわち，渋谷の家まで来てこのまま帰るのも嫌だったので，車を借りて車のなかでアンパン（シンナー吸引）しようと思い，渋谷から車を借りたという供述へと変化したのである。

〈コーポ畑野への移動：意図の欠落および意図不明な行為の出現（A，Bステージ）〉

長島は，渋谷から車を借りた後，近くの自転車店に行きゴムのりを買い，車を運転しながらそれを吸引し（最初は停めた車のなかでと供述していたが後に変遷），吉岡のいるコーポ畑野に向かったと説明しているが，なぜ突然吉岡宅に向かおうと思ったかについて捜査段階ではまったく説明されていない。この点について長島は一審公判廷で「一人ではおもしろくなかった」および「車のなかでは見つかるかもしれず不安だったので吉岡の部屋で」といった理由をあげている。しかし，この理由を語った段階ではすでに長島は，車を運転しながらゴムのりを吸引していたことになっている。

ゴムのりを吸っているうちに「おもしろくなく」「不安だった」からコーポ畑野へ移動するという意図が発生したならば，その前は，彼はどこに向かうつもりで車を発進させたのだろうか。どうして車を発進させることになったのか，その意図の説明が長島供述には欠けている。

〈町田との行動：他者の意図への従属（Bステージ以降）〉

　吉岡宅前で町田と出会った後の長島供述の重要な特徴は，移動の意図が長島自身によってではなく，ほとんどすべて町田によって与えられている点にある。言い方を換えれば，長島の移動の理由は，長島自身ではなく，町田からの要求によって生じている。たとえば，町田が行きたいというので義兄宅に向かう，町田が吉岡に会いたいと言うのでコーポ畑野に移動する，といった具合である。また，吉岡と連絡がとれた町田がマイアミビーチに行ってくれと頼んだ際の長島の反応については，どの段階の供述でもまったく語られていないか，あるいは，吉岡と連絡がとれたと思い安心し車を動かしたといった程度の説明がみられるのみである。

　暴力団における長島と町田の地位の違い（当然，長島が上）から考え，長島が町田の命令に一方的に従う必然性はない。もし長島が町田の言いなりに動くとすれば，長島のなかに，自分の置かれている状況の認識に基づき，自分より格下の相手の言うことにしたがって行動することを必然的なものとする理由・意図が生じていたはずである。たとえば，シンナーで酩酊し特定の場所に移動することを要求してくる町田をみて，「こいつはラリっているから今は何を言ってもだめだ。若いやつの面倒みるのは目上の者の役割だからとりあえず言うことを聞いておこう」と考えた上で行動すると思われる。しかし，長島供述にはこうした長島自身の主観的な意図の発生に関する説明は一切みられない。町田に出会う前までの長島は，不可解な点はあるものの，シンナー吸引がしたいという自発的な意図に基づき行為する主体であった。しかし，町田と出会って以降，長島は突然自律した意図を消失させ，格下の町田に道具のように使われる存在になってしまっていた。

（3）行為供述と意図供述の連関パターン

　このように，長島供述においては，移動の意図に関する語りが変遷したり，欠落したり希薄であったり，あるいは，分裂して別の場所に移動するといった特徴がみられた。しかし，ここまでは常識的に発見できる供述の問題である。こうした「奇妙さ」「不可解さ」を列挙し，そのことによって供述の信用性に疑問を投げかけようとすれ

ば，前回の鑑定と同じ誤りをおかすことになる。つまり，一貫している行為供述を重視し供述に信用性ありと判断するか，それとも，意図供述の揺らぎを重視し供述の信用性を否定するか，という水掛け論に陥ってしまう可能性が高い。

ただ，今回の鑑定では，意図に関する供述のこうした揺らぎ，欠落，希薄さは，それ自体を根拠として供述評価に結びつけられたわけではない。そうした意図供述の特性は，行為供述の特性との連関パターンとして，すなわち，反復された供述聴取過程のなかで長島供述が一貫して示している内在的な供述特性として取り出されている。

繰り返しになるが，長島の行為供述は，初期の揺らぎをのぞき長期にわたり一貫していた。それを図式化すれば，次のようになる。

供述1　A⇒B⇒C⇒D…
供述2　A⇒B⇒C⇒D…
供述3　A⇒B⇒C⇒D…

控訴審判決のように，こうした行為供述の一貫性だけに注目すれば，長島供述は，信用性が高いようにもみえる。一方今回の鑑定書では，長島供述において，ある地点から次の地点へと移動する際の移動理由を示す意図供述の変遷に注目した。すると上でみたように，供述が繰り返されるなかで，意図供述が入れ替わったり，変化したり，あるいは，欠落したりしていることが明らかになった。図式化すれば次のようになる。

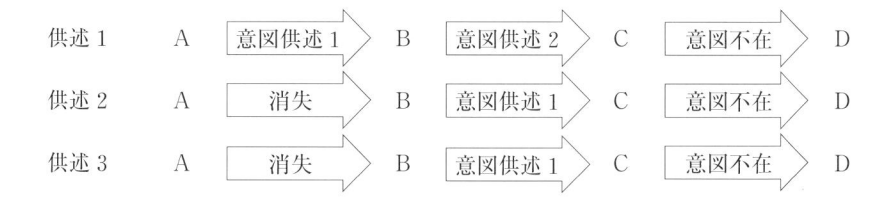

供述1	A	意図供述1	B	意図供述2	C	意図不在	D
供述2	A	消失	B	意図供述1	C	意図不在	D
供述3	A	消失	B	意図供述1	C	意図不在	D

長島供述の変遷過程には，明快で極めて一貫した行為供述と希薄で揺らぎ続ける意図供述という独特の連関パターンが見いだされた。これが今回の分析によって見いだされた長島の供述特性である。

（4）1つの推測

足利事件の鑑定において，私たちは，複数の行為者が同等の立場で交互に現れる

「行為連鎖的想起」という一貫した供述特性のなかで，なぜか被害者だけが希薄に語られる「行為連続的想起」の存在を発見した。これは文字通り不可解な事態であり，鑑定書は，それをそのまま指摘することで分析を終えていた。それに対し，今回の長島供述の分析ではさらに一歩議論をさきに進めることができた。

もちろん今回の鑑定においても，資料の分析に基づく客観的な成果は，行為供述と意図供述の連関パターンを指摘することにとどまる。しかしながら，このパターンを構成する一方の局面，すなわち，安定した行為供述の内容を検討してみると，長島に対する事情聴取過程について，1つの興味深い推測が得られた。鑑定書は最後にこの推測について簡潔に述べている。

控訴審判決は，長島供述の安定性を体験性の兆候ととらえ高く評価していた。しかし，その内容を少し詳しくみると，そのほとんどが吉岡供述や関係証拠によってすでに明らかになっていること，あるいは，そこから容易に推論可能なことであることがわかる。たとえば，コーポ畑野への最初の（シンナーを吸引するための）訪問，マイアミビーチに町田が電話をしたとき一緒にいたこと，磯田が迎えにきたこと，被害者を殺害したときに長島は車のなかにいたこと（町田が吉岡に告白した内容に含まれている），マイアミビーチに長島と町田が磯田の案内できたことなどはすべて，長島供述が語られる以前に，すでに吉岡によって語られていた内容である。また，井本宅への訪問はタクシーの乗車記録から，渋谷からの乗用車の借用は渋谷の供述から，捜査側にはあらかじめ明らかなことだった。つまり，長島の行為に関する供述の大半は，他者の供述によりすでに明らかだったのである。すると，長島の行為供述の安定性が彼の体験性に根ざしたものであるという仮説に対抗し得る，もう1つの仮説が生まれてくる。すなわち，すでにある程度事件の構図を把握していた捜査官と長島との間で捜査官主導の共同想起が行われ，これらの事柄が長島の行為体験として調書化された可能性である。

たとえば仮に捜査官がクローズド・クエスチョン（CQ）を多用し，それに対し，長島が「はい」や「いいえ」で応答するような会話が進行していたとすれば，こうした供述が生み出される可能性は十分にある。この仮説を採用すると，上で検討した連関パターンのもう一片である長島だけが語ることのできる主観的な体験世界としての意図供述の系列が希薄であったり混乱していたりすることも理解可能となる。事情聴取の過程において長島は自分の言葉で体験を語っていなかった，つまり，体験の想起者ではなかった可能性があるのだ。

もちろんこれはあくまでも推測であり，それを裏づける客観的な証拠は存在しない。

だが諸資料に記録された長島供述に今回の分析で見いだされた供述特性があることは客観的な事実である。この供述特性から長島供述の生成過程について控訴審判決が想定していなかった1つの有力な仮説を導き出すことができた。これが今回の鑑定の成果であった。

　行為供述のみに注目する表層的な分析に依拠し長島供述の信用性を評価することはもはやできない。長島供述が正真正銘の想起者であったというためには，私たちが発見した行為供述と意図供述の連関パターンについても整合的に説明できる新たな仮説を用意する必要がある。最高裁は，原が執拗な分析をとおし長島供述のなかに発見した事実と，そこから導き出される新たな仮説をどのように受け止めるのだろうか。鑑定書は私たちの手を離れていった。

7節　裁判の現場へ

　鑑定書を完成させてからしばらくして，私たちは，日本弁護士連合会の刑事弁護センターが主催する目撃証言研究会で，今回の鑑定内容を報告することになった。弁護人から事件の概要と上告審での争点などについて説明があったのち，原が鑑定の概要を説明した。実は私たちは本章で検討してきた鑑定以外にも，弁護人による磯田らへのインタビュー記録テープを誘導の有無の観点から検討するなど，いくつかの鑑定を行っており，それについても報告した。しかし報告後の議論は，もっぱら原の鑑定に集中していた。足利事件や甲山事件の分析を読まれてもわかるように，内在的な分析の視点をうまく伝えることは難しい。浜田も出席していたこの会合で，原は，可能ならばこれからヨコの連関の徹底した分析を行っていきたいと語った。たくみな供述者として私たちを翻弄してきた吉岡の供述を私たちはまだ徹底的に分析し尽くしてはいなかった。

　研究会もそろそろ終わりかけていたとき，中座していた弁護団事務局長が部屋にもどってきた。彼はどこかギクシャクした歩き方で自分の席にもどり，そこに立ったまま研究会に集まっていた人たちに向かって語り始めた。

> 「この事件の事実認定には明らかにおかしな点がたくさんあります。こんな事件で無罪をとることのできなかったことに私は弁護人として大きな責任を感じています。ひどい事件です。今後ともみなさんのご協力をお願いいたします。」

発表を締めくくる挨拶にしては唐突だと思った。彼の声がなぜか震えていた。

「さきほど最高裁から上告棄却の決定が下されました。」

帰り道，もうだれもビールを飲もうとは言い出さなかった。有楽町駅のプラットホームで私たちはまったく沈みこんでいた。原は，「でもやっぱりヨコの分析は完成させたいなあ」とつぶやき電車に乗り込んでいった。

8節　供述心理学の視点から

(1) 供述分析の問題

　私たちは当初，供述の変遷を徹底的に分析する浜田の供述分析の方法を採用しようとした。だが変遷や矛盾を相当詳細に分析したにもかかわらず，私たちは供述間の連関・連携の構造も，吉岡供述内部にある日常的なエピソードのコラージュの痕跡にもたどりつくことができなかった。この挫折の原因は，1つには時間的制約があったが，より本質的には，供述分析という方法と今回の対象とのミスマッチがあったように思われる。

　浜田の供述分析アプローチが鋭い切れ味をみせてきたのは，多くの場合，証言者が供述という作業に不慣れな場合であった。取り調べや事情聴取の場は，供述者が独白する場ではない。前章まで繰り返しみてきたように，これは取り調べる者と取り調べられる者が互いに影響を与え，支えあいながら展開するコミュニケーションの場である。年齢や障害の関係で，自分の体験をあまりうまく話すことができない，あるいは，なんらかの理由で話そうとしない無口な証言者が，こうした場に置かれたとしよう。そうしたとき，尋問者は，証言者が語るその乏しい供述内容を，尋問者自身がもつ事件についての情報や仮説にしたがい，自分の言葉で補ってしまいがちになる。供述分析を行う浜田の視線は，尋問者のこうした過剰な関与の痕跡を，供述の変遷のなかに見いだすことに向けられている。その結果，供述者本人は実は想起者ではなかったということが明らかになり，それが裁判において批判的な力となってきたのである。

　しかしながら吉岡は甲山事件の園児のように不慣れで，不器用な供述者ではなかっ

た。公判記録をみればわかるとおり，彼は予想していないことを聞かれたり，矛盾を指摘されたり，疑問点をぶつけられても口ごもったり戸惑うことなく，うまく事態を切り抜ける言葉の技術をもっていた。いわば供述のプロである。その技術を駆使して吉岡は捜査側をも翻弄するような，とても複雑な供述世界を紡ぎ出していったのである。吉岡供述において供述のめまぐるしい変遷を生み出す起源は，彼自身なのだ。たとえば彼の証言に基づき，町田が事件当夜身につけていたはずの衣類を必死になって捜索する。しかし，そこには何も見つからない。改めて問いただすと，吉岡は，簡単に供述内容を変更し，まったく別の証言を始める。そこで警察は，新たな場所を必死になって捜索する。あるいは，彼は，唐突に他の目撃者を登場させ，事件に巻き込んでいく。そこで名指しされた者が事件とのかかわりを断固否定すると，彼は，今度は別の人物の名前をあげる。こうしたことが繰り返されていく。調べられる者が調べる者を，自分の言葉の世界に引き込み，そして，翻弄するのである。

このように，供述者自身がその言葉のたくみさをもって供述の内容構成に実質的かつ深く関わってくる場合は，単に供述生成の力の所在を明らかにするだけでは，何も解明したことにならない。供述者が「いいかげん」であることが示されるだけだ。供述者が不器用で供述生成の実質的な力が尋問者の側にある場合は，それを示すだけで分析は十分批判力をもつ。しかしプロのたくみな供述者を相手にする場合は違う。彼が供述世界を動かすたくみさそれ自体の質的な特性を解明することが必要なのである。しかしこの分析に必要な単位を私たちはとうとう発見することができなかった。

(2) たくみな供述者と供述特性

第二鑑定で私たちは，複雑に変遷を重ねる吉岡の供述分析をあきらめ，長島供述を分析対象とすることに決めた。長島供述には一貫性があり，一見すると，吉岡供述にはない安定感があった。たとえば法廷において事情聴取初期の否認理由を語る際の彼の言葉は滑らかであり，そこには，足利事件や甲山事件にみられたような供述者のつたなさはなかった。吉岡がそのたくみさによって次つぎと供述内容を変化させていったように，長島は，自分の供述内容を一貫させ破綻させないように滑らかに語り続けたのである。彼もまたたくみなプロの供述者であった。

こうした長島の供述特性を分析しようと試みた第二鑑定は，不十分なものにしかならなかった。私たちは，彼の供述特性として意図供述と行為供述の関係に着目し，意図供述の不可解な希薄さや揺らぎを指摘するところまでたどりついたが，長島がその

たくみさを駆使して安定性を維持しようとした行為供述のダイナミズムそのものには切り込んでいけなかった。私たちは，行為供述の外見上の安定性を追認しただけで，分析の焦点はもっぱら，意図供述における「希薄さ」や「奇妙さ」の構造の解明に向けられていた。

つまり私たちは長島という供述者が想起者となることに失敗している側面だけに分析のメスを入れようとしていた。より正確にいえば，意図供述の側面にしかメスを入れることができなかったのである。足利事件や甲山事件のように，分析の結果，供述者が事件の体験を語る想起者として基本的に機能していないことが明らかになれば，鑑定結果としては十分だろう。しかし長島供述の場合は，意図供述においては想起者になり得ていないものの，安定した行為供述においては十分に想起者となり得ていると解釈することも可能である。私たちの分析では，長島はまだ半ば想起者のままである。それでは，彼が想起者であるならば，彼の供述は信用できるという鑑定結果を私たちは出せばよかったのだろうか。しかし私たちは，彼の行為供述の内部に入り込み，そのダイナミズムを分析し，その結果として想起者としての彼の姿を改めて発見したわけではないのだから，そういう結論を出すこともできない。

長島が行為供述を安定させるために駆使したたくみな話術に切り込んで，その体験性を吟味することができるような分析単位をとうとう私たちは発見できなかった。行為供述の安定性の秘密を解明せずに長島供述の批判をしようと思えば，「行為供述だけが安定し，意図供述だけが揺らぐことは不自然である」といった評価しかできない。私たちの鑑定では，長島の行為供述の内容が他の供述者や証拠によって説明可能であるという推論を行為供述特性の代替物として利用することで，行為供述が希薄である「可能性」を示し，辛うじてこうした外在的な分析を回避していた。結局，私たちはたくみに供述を操るプロの供述者としての長島には接近することができなかったのである。

（3）たくみさへのアプローチは可能か

長島供述については不十分ではあるもののなんとか鑑定書をまとめることができた。これは上述の通り，彼のたくみさが発揮されている行為供述の内実に踏み込まないという方法をとることで可能になった。しかし供述の全局面においてたくみさをみせつけている吉岡については分析の糸口すら見いだすことができなかった。完全な敗北である。彼の供述にみられる変遷や矛盾をいくら並べても「吉岡はいいかげんなや

つだ」という外在的な評価しか導き出すことができなかった。これまで何度も指摘してきたように，「いいかげん」か「まじめ」かといった視点は，外在的な人格特性による評価にほかならず，体験を有しているか否かという問題とは独立した事象である。体験があってもいいかげんな人物もいるし，実際には体験がないにもかかわらず，なんらかの原因で体験があると思い込んでいる人物がまじめに供述することもあり得るのである。この水準にとどまっている限り，供述の信用性鑑定の作業は無意味なものになる。

　これまで私たちは供述にみられる反復パターンを同定し，そのなかから供述者の個別性と結びついたスキーマを発見するというバートレット的なアプローチをとってきた。このアプローチは吉岡や長島のようなたくみな供述者にも通用するのであろうか。私たちは，それまで使ってきたバートレット的アプローチの射程をもう一度測定し直す作業に取り組まねばならなくなった。

さらに福井女子中学生殺人事件について詳しく知りたい方へ

吉村悟　1995　福井・女子中学生殺人事件　季刊刑事弁護 No.3　78-87．

吉村悟・島田広　2001　福井女子中学生殺人事件　季刊刑事弁護 No.27　70-71．

※本号所収の座談会「情況証拠といかに闘うか」中の事件報告もあわせて参照されたい。

6章　尼崎スナック狙撃事件
―尋問をコントロールしていたのは誰か―

　これまで繰り返し述べてきたように，被疑者・被告人の自白や共犯者の供述は，彼らの独白により得られたものではない。いずれも，取調官とのやりとりの結果として得られた共同想起の産物である。また，公判廷における尋問において得られた証言内容も，証人と尋問者のやりとりの結果として得られた共同想起の産物である。言い換えれば，取り調べにおいて想起者は1人で思い出すのではなく，質問者を相手として，過去に体験したとされる出来事について問答形式のなかで語っていくのである。だからこそ，質問する者とされる者のコミュニケーション過程を分析していくことが必要となる。

　しかしながら，コミュニケーション分析の対象となった4章の正岡君は法廷の場面に慣れていない証言者であった。これに対し，本章で扱う供述者大野はヤクザであり，ある意味において供述のプロフェッショナルともいえる，たくみな供述者であった。5章で扱おうとしたたくみな供述者である吉岡に私たちは敗退している。どうにかしなければいけない。尋問者の追及に対しノラリクラリと答えているようにみえるヤクザの供述とはいったい何なのだろうか。

　供述の信用性を客観的・科学的に判断するためには，供述それ自体がどのような状況でどのように生成されたか，尋問者と被尋問者の間で繰り広げられる供述の具体的生成過程を丁寧に追うことが必要となる。供述や想起の外部に原因を求めるのではなく，コミュニケーションそれ自体を緻密に記述していくことこそが重要である。尋問場面に熟達した尋問者と被尋問者の関係においてもバートレット的アプローチは有効だろうか。ここでは，これまで開発してきた分析手法をさらに発展させ，たくみな供述者の供述特性を明らかにする分析単位を探し出す必要があった。

1節　分析までの道のり

（1）　尼崎スナック狙撃事件とは

　1985年9月23日午後7時35分頃，兵庫県尼崎市のとあるビルの2階にあるパブ・スナック「ピンクパンサー（仮名）」に，「マネジャーいるか」といって訪ねてきた30歳くらいの男が，店の奥からでてきたマネジャーの松山さん（仮名；当時31歳）に向けけん銃3発を発射，うち1発が松山さんの左肩に命中，もう1発は近くにいたアルバイト従業員の星野さん（仮名；当時19歳）の左腰を貫通した。星野さんは翌24日午前8時半死亡，松山さんは重傷だった。この店は尼崎市内の暴力団組長の妻（当時37歳）が経営し，また，松山さん自身暴力団を破門になった元組員であったため，捜査本部は，松山さんをめぐる個人的トラブルによる事件の線だけでなく，暴力団組員による抗争の可能性も捨てきれなかった。

　実は，この事件の2週間ほど前，9月10日深夜，奈良県Y郡の繁華街にあるスナックで客のひとりがカラオケを歌い始めたところ，居合わせた6人連れの男性客が歌っている客に難癖をつけ絡み出した。客と6人連れの男たちは店の外で口論となったが，そのとき現場に居合わせた店の常連客が仲裁に入った。その常連客が「私は南組（仮名）の柳田（仮名）という者ですが」と自分の名を告げたところ，6人連れの男たちは「南組がなんじゃ，わしらは倉木組（仮名）のもんや」と柳田を6人がかりで袋叩きにしたあげく，組員の阿部（仮名）がもっていた刃物で柳田の腹部を数回突き刺し死亡させた。阿部以下5人の倉木組組員は逮捕されたが，いずれも20歳前後の若い組員であった。この事件によって，南組と倉木組は抗争状態になった。

　兵庫県で発生した「尼崎スナック狙撃事件」と奈良県で発生したこの組員刺殺事件との接点が明らかになったのは，スナック狙撃事件から1年半後のことであった（もっと以前から内偵していた，あるいは，密告があったとの情報もある）。兵庫県警暴対2課は，1987年2月15日，スナック狙撃事件の実行犯として元二代目正勇会（仮名）構成員・大野耕一（仮名）を大阪府S市内で逮捕した。続いて翌3月11日，実行犯の大野に犯行を指示したとして，事件当時，二代目正勇会副会長であった古橋晃（仮名）を逮捕した。そして，警察での古橋の供述により，1989年1月22日，二代目正勇会山口和秀会長（仮名）が古橋に犯行を指示していたとして逮捕され，「殺人，同未遂」によって起訴された。山口被告は，自分の元組員が行った犯行であったため，民事裁

判では使用者責任を認め多額の慰謝料を払ったが、事件そのものに対する関与は一貫して否認している。

現在まで数々の公判が行われたが、一審判決は懲役15年であった。山口被告にかかる罪は、子分に殺人を指示しけん銃を交付した「共同共謀正犯」である。その証拠はすべて共犯者とされる2人の配下（大野および古橋）の自白であり、山口被告の罪状を証明する物的証拠は1つもない。山口被告はただちに控訴した。そして1998年2月24日、二審判決は控訴棄却であった。それに対し、山口被告は上告した。

(2) 鑑定依頼の経緯

こうした状況のなか、二審判決後の1998年5月、山口被告の弁護団の1人、原田香留夫弁護士から東京供述心理学研究会のメンバーに連絡が入った。原田弁護士は、冤罪事件として有名な八海（やかい）事件において弁護人を務めた人である。連絡の内容は、4章で検討した甲山事件の意見書を読んでの供述鑑定の依頼であった。当初の依頼内容は次のようなものであった。

尼崎スナック狙撃事件における山口被告の関与については、副会長の古橋を通じての大野への間接指示、および、1985年9月21日、大阪府S市内のファミリーレストラン「イエロー・キャップ（仮名）」における山口被告から大野への直接指示の2点が問題となっていた。とくに、後者の直接指示が認められれば、この事件に対する山口被告の関与は否定しがたいものとなる。したがって、裁判は、この2つの指示の有無を焦点に、さまざまな関係者が証人として証言台に立ち、尋問を受けることで進められていった。

そうした証人の1人に大野の元妻がいた。彼女は徳島県内のある市会議員の娘で、大野との間に子どもを1人もうけていたが、その後、離婚し、証言当時は、暴力団組織と関係もなく、組関係者と異なり、山口被告をかばう必要のない立場にある数少ない証人であった。彼女の証言によれば、大野と山口被告が大阪府S市内のファミリーレストランで会っていたはずの時間（1985年9月21日の夕方）に、大野は、徳島県A市において彼女と子どもに会い、その日彼はその子に服を買ってやったり、夜には3人で外食をしていたというのである。もしそれが事実ならば、当然、大野が語る山口被告からの直接指示のエピソードは虚偽となる。

そこで、弁護団は、組関係者の証言では、山口被告のアリバイをいくらいったとしても裁判官に信用してもらえない可能性が高いが、堅気である大野の元妻の証言の信

用性を立証できれば，直接指示に関する大野証言の信用性を崩すことができるのではないかと考え，この元妻の証言の信用性鑑定を私たちに依頼してきたのである。

　この鑑定の依頼を受けたとき，私たちはまず最初，正直なところヤクザが絡んだ事件ということで少々腰が引けてしまっていた。私たちが実験室のなかで大学生を被験者に記憶の実験を続けていたら，おそらくきっと出会うことのない人たちからの依頼である。それも，テレビや映画によくでてくるヤクザ同士の抗争事件である。

　でもその一方で，私たちは，ヤクザという人々とヤクザという組織に単純に関心をいだいてしまっていた。そこで，私たちは，ヤクザ組織に関する本やヤクザが書いた体験本などを研究会に持ち込み，次第にヤクザ世界に詳しくなっていった。このころ，研究会内部では，「カチコミ」と「タマトリ」はどう違うのか，「破門」と「絶縁」はどう違うのかといった話題がしきりに取り沙汰され，研究会終了後に飲み屋に場所を移してからも，ヤクザの世界について語り明かしてしまった。足利事件で佐藤弁護士から「少年探偵団」といわれ，あれほど反省したはずなのに，私たちは今度は「ヤクザ評論家」になってしまいそうであった。

　さて，話を元妻の証言の問題にもどそう。さきほど述べたように，彼女の証言の信用性が重要だと弁護団からはいわれていたが，これまでの判決では彼女の証言は否定的評価を受けていた。一審の神戸地方裁判所尼崎支部は，この証言を「ためにする証言（ある目的を達しようとする下心があって行う証言）」（38丁）として排斥していた。さらに，二審の大阪高等裁判所の判決も，彼女の記憶が事件後7年経過していることを理由に「それほど長く明確に残っているとは信じ難く（中略）供述の矛盾や変遷があることなどを併せ考えると，たやすく措信し難い」（12～14丁）とこの証言を退けていた。たしかに，元妻の証言は，事件発生後7年してから法廷における尋問プロセスのなかで偶然現れてきたものであり，なぜそれ以前の警察による聴き取りの際に彼女がこの事実を語らなかったのかという疑問が残り続ける。また，肝心の分析資料となる供述調書も公判調書も今までの事件に比べ量的に極めて少なく，私たちはこの鑑定依頼を受けるかどうか迷っていた。

　1998年10月，研究会での話し合いの結果，元妻の証言は質量ともに貧弱で十分な分析ができない可能性が高いことから，もし本当に引き受けるならばやはり，山口被告，大野，古橋の供述調書および公判調書の分析を行っていくことが必要ではないかという結論に，私たちは達した。そこで，山口被告，大野，古橋の調書をすべて取り寄せ，他の事件と同じように，とにかく読み進めることにした。供述のタテの変遷とヨコの連関を追うため，表計算ソフトを用い，その変遷を巨大な表にしたり，積み上げられ

た調書を繰り返し読みながら，今までの分析と同じように，供述調書に潜む特徴を手探りしていった。

こうした分析経過が研究会で発表され，議論が重ねられていくうち，無情にも時間は過ぎ去り，当初の依頼からあっという間に1年以上が経過してしまった。しかしながら，そのころになると，結局のところ大野の供述内容にこそ信用性問題の中核があるのだから，大野供述に焦点を絞ることがやはり必要だと，私たちは問題の原点に立ち帰っていった。そして，4章で扱った甲山事件と同じように，公判廷における大野証言の速記録を分析し，尋問者と被尋問者の供述特徴をあぶり出すことにより，供述の信用性問題にアプローチできるのではないかと考えるようになっていった。

しかしながら，甲山事件の園児証言と尼崎スナック狙撃事件の大野証言とは，一見したところ，証言の質があまりに違っていた。甲山事件の正岡君は，答えがわからない質問にも答えてしまったり，繰り返し同じような質問をされると答えが変化してしまうといったように，尋問者としては供述場面に翻弄されてしまう存在であった。これに対し大野は，暴力団の構成員というプロの犯罪者であり，取調官と同様，取り調べ場面における一種のプロフェッショナルであった。したがって，取り調べの場面や裁判の場面では，両者の間でさまざまな駆け引きが繰り広げられていることが予想された。そのため，そうした駆け引きを分析する手立てを私たちはもっているのか，という疑問が絶えず浮かび上がってきた。5章の吉岡供述の分析では，この取り組みは失敗し，課題の解決はさきにもち越されていた。たくみな供述者にアプローチする方法を探し出さなければならない。

（3）　一審判決における証言の信用性判断の根拠

さて，大野証言それ自体の特徴を明らかにすることが，証言の信用性判断に重要だと私たちは考えるにいたったが，一審判決は信用性判断について私たちとは異なる見解を示していた。一審判決における信用性判断の根拠は次の5点にあった（一審判決30丁）。①捜査段階から基本的に一貫していること，②折々の状況に沿って矛盾がなく心情を交え説得力のあること，③信用できる古橋の捜査段階の供述と符合すること，④執拗な反対尋問にも耐えて動揺がないこと，そして何よりも，⑤大野は1975年に被告人の最初の若衆になって以来，被告人をいわゆる親としてきた人間であるのに，自身が公判で述べている通り「本来は命をかけてもかばうべき」被告人から本件犯行を直接指示されたという山口被告人にとって重大な不利益事実を語り，その内容も具体

的であることなどの諸点からみて基本的に信用性が認められると判示している。

そこで，大野証言の信用性判断について鑑定するには，実際に大野証言の分析を行う前に，少なくとも判決文にしるされたこれら5つの根拠について心理学的・科学的に検討することが必要だと，私たちは考えた。とくに，一審判決は，⑤の自己の不利益事実に関する証言を，信用性ありと判断する最も重要な根拠としてあげていたことから，まず，⑤のようにヤクザであることを証言の信用性を判断する際の最も重要な根拠とする危険性について指摘しようと考えた。

前に述べたように，この事件では，組関係者による組織的犯行なのか，それとも，単独犯行なのかという点が最大の争点となっていた。前者の組関係者による組織的犯行の立場をとる者は，「本来は命をかけてもかばうべき」山口被告人から本件犯行を直接指示されたという，被告人にとって重大な不利益事実を構成員であった大野が語っているという事実を供述の信用性を担保する最大の理由としてあげていた。一方，組関係者による単独犯行の立場をとる者は，いいかげんなヤクザである大野の供述は元々信用がおけないのであって，被告人から本件犯行を直接指示されたことを途中から語るようになったのも，ヤクザにありがちな自己の利益を優先した狡猾な打算の結果に過ぎないとみなしていた。

これら2つの立場はいずれも，信用性判断の根拠を大野が暴力団関係者であるという外在的な事実に置いている点では共通しており，大野供述そのもののあり方についてはまったく言及していなかった。しかしながら，「暴力団関係者だから」という根拠は，日頃信用のおける人であっても時に嘘をつくことがあるし，逆に，日頃信用のおけない人であっても時に真実を語ることがあるという至極あたりまえの事実を無視しているといわざるを得ない。つまり，供述の信用性を判断する際に，「暴力団関係者だから」といったことを根拠とすると，時に誤った判断をするおそれがある。供述の信用性を客観的・科学的に判断するためには，他の章と同じように，ラベルづけや一般的性格傾向といった外部に安易に説明を求めることをしないことが大切である。

（4） 共同作業としての想起行為

供述の生成過程そのものを考慮しないで，組関係者であることを説明の根拠とする，上にあげた2つの解釈，すなわち，「子分は決して親分を裏切らない」あるいは「大野はいいかげんだから嘘をつく」といった外部からもたらされる物語によって供述の信用性を判断しようとする限り，供述それ自体に潜む問題を分析することは難しくな

る。供述の信用性を科学的・客観的に判断するには，「暴力団関係者の供述だから…」といった解釈的・後づけ的な説明ではなく，供述調書の構造や供述の変遷そのものを内在的に分析することによって，初めて供述の信用性判断が可能になると，私たちは考えた。

とくに，今回の事例のように，取り調べる者に暴力団関係者だからといった先入観が存在するおそれがある場合，あるいは，取り調べられる側にある種の思惑があったり真実を語る姿勢が希薄なおそれがある場合には，取り調べる側と取り調べられる側の供述姿勢に食い違いが生じ，その食い違いに気づかぬまま取り調べが進行し，その結果，体験した事実に基づかない供述が生成される危険性が高まることが考えられる。

こうした危険性が考えられる場合，取り調べる者と取り調べられる者のコミュニケーションに注目し，この事例であれば，大野が主体的に自己の体験を語る誠実な想起者といい得るのか，それとも，体験を有していない大野と尋問者との間でコミュニケーションが展開しているに過ぎないのかを弁別することが必要となる。

そこで，私たちは，大野供述の信用性を判断するには，大野と尋問者のやりとりそのものを詳細に分析していく必要があるという結論に達した。分析のためには，両者のやりとりが記録された録音テープもしくはビデオテープを材料とするのが望ましい。しかしこれまで検討してきた他の事例と同じように，現実にはそうした資料の入手は難しかった。そこで，私たちは，速記者によって記録された大野と尋問者の公判廷における速記録をもとに，そのやりとりの特徴について検討することにした。

2節　大野証言のコミュニケーション分析

(1)　大野のコミュニケーション特性について

供述においては，初期供述が重要であり，取り調べ段階における最も初期の供述から順にその変遷を分析していくことが望ましいが，すでに2章の日本の裁判システムについて述べた際にふれた通り，わが国の供述調書は，司法警察員もしくは検察官が綴ったものであり，記録者による編集を受けており，被尋問者と尋問者のやりとりが逐語的に記録されているわけではない。そのため，供述調書は，浜田の供述分析にみられるように，供述生成過程を調べる重要な資料であることに変わりはないが，被尋問者と尋問者のやりとりを分析する資料としては二次的なものといわざるを得ない。

これに対し，足利事件や甲山事件において分析資料として用いた，公判廷におけるやりとりは，公判廷速記録として逐語記録がとられている。したがって，被尋問者と尋問者とのやりとりの特徴を直接分析するには，公判廷速記録を用いるほうが望ましいと考えられる。

そこで，私たちは，公判廷速記録をおもな分析材料として，大野のコミュニケーション特性について検討することにした。コミュニケーション特性の分析手法としては，基本的には，コミュニケーション分析の手法をここでも用いることとした。4章での説明の繰り返しになるが，この手法は，尋問者の問いとそれに対する被尋問者の応答を対（ペア）とし，問いと答えの連鎖の特徴，および，各エピソードにおけるペア同士の連鎖の特徴等を分類・整理し，供述生成過程の特徴を明らかにする手法である。私たちは最初に，やりとりの全体的な特徴を分析してから，特徴的な個々のやりとりに焦点をあて，大野供述のコミュニケーションについて検討することにした。ただし，冒頭にもしるしたように，今回はある意味供述場面に慣れた者同士の対話を扱うことから，4章とは当然異なる分析単位が必要になることが予想された。

まず，私たちは，コミュニケーション分析の前段階として公判廷において大野が事件に関わる尋問に答えていた公判におけるすべてのやりとりについて量的分析を行うことにした。というのは，こうした全体の量的分析は，煩雑で意味のないことのようにみえるが，尋問全体の基本的特徴を知るには重要なプロセスだと，私たちは考えたからだ。私たちの研究の目的が，単におもしろい受け答えを調べるためであるだけならば，そうした箇所をつまみ食いし，そこだけを分析すればこと足りるのかもしれない。しかし私たちは，おもしろい受け答えを調べることを目的とはしていなかったし，恣意的な分析を避けたいと常々考えていた。したがって，供述それ自体の全体的な分析は重要なのである。

具体的には，私たちは，延べ9回にわたる公判廷における大野と尋問者とのやりとり回数（大野と尋問者との問答の対の数）を集計することにした。ただし，尋問者から裁判官に対する異議といった，直接，大野に向けられていないやりとりは，やりとりの回数から除外した。また，大野自身の沈黙は，尋問者の問いに対する一種の応答とみなし，やりとり回数としてカウントした。集計した結果，各回のやりとり回数は，第5回公判683対，第6回559対，第18回703対，第19回132対，第20回470対，第23回431対，第25回512対，第26回493対，第27回404対の計4,387対であった。これら4,387対の量的分析から得られた公判廷における大野証言の特徴は，次の点にあった。

まず，検察官（1名）・弁護人（7名）・裁判官（2名）からなる尋問者の総発話

文字数は148,050文字（尋問1対あたりの平均文字数は33.7文字）であった（なお，ここでいう発話文字数とは，速記録にしるされた文字の数をさす。また，沈黙は0文字とカウントした）。一方，大野の総発話文字数は77,498文字（尋問1対あたりの平均文字数は17.7文字）であった。このことから，尋問者の問いと大野の答えを量的に比較した場合，尋問者による問いの文字数が大野による答えの文字数の約2倍であることが明らかとなった。

次に，検察官による主尋問と弁護人による反対尋問の間に違いがあるか否かについて検討した。主尋問は1,997対からなり（尋問全体の45.5％），そのうち，検察官の総発話文字数は55,052文字（問い1つあたりの平均文字数27.6文字），大野の総発話文字数は31,888文字（平均文字数16.0文字）であった。一方，反対尋問は2,381対（尋問全体の54.3％）からなり，そのうち，弁護人の総発話文字数は92,641文字（平均文字数38.9文字），大野の総発話文字数は45,382文字（平均文字数19.1文字）であった。主尋問と反対尋問を発話文字数の点から比較すると，尋問者と大野の両者とも反対尋問の方が主尋問よりも平均発話文字数が多かった。このことから，文字数において，大野は必ずしも主尋問より反対尋問に積極的に答えていないわけではないことがわかる。

さらに，尋問者と大野のコミュニケーションの形態を理解するため，私たちは，2種類の尋問タイプと2種類の応答タイプを組み合わせた4つのパターンにやりとりを分類し，各パターンにおける平均文字数を比較検討した。このうち，尋問タイプは，クローズド・クエスチョン（CQ）とオープン・クエスチョン（OQ）の2つのパターンから成り立っていた。一方応答タイプは，情報付加なしと情報付加ありから成り立っていった。

こうした分類のもとに分析した結果，CQは3,232対と尋問全体の73.7％を占めていた。すなわち，尋問全体の約4分の3が「はい」「いいえ」といった二者択一の形式で答えることが可能な質問形式で占められていた。また，CQとOQにおける尋問者の平均発話文字数を比較したところ，CQの方が尋問者の平均文字数が多くなる傾向がみられた（CQの平均文字数36.7文字，OQの平均文字数25.4文字）。これは，CQにおいて尋問者が問いのなかでより多くの情報を大野に提供していた可能性を示唆していた。

また，CQの問いに対しては，一般に，情報付加なしの応答がなされることが多いが（全4,387対の問いのうち61.4％，CQの問いのみでは83.4％），そうした場合，大野の平均応答文字数は7.9文字と他の3つのパターンに比べとくに少なかった。この事実は，CQに対し「はい」「いいえ」といった情報を付加しない簡単な応答をしても，

尋問は進展していくことを示している。結局のところ，大野は全体の6割以上の問答において自ら情報を提供していなかった点が注目される。大野より，むしろ，尋問者からより多くの情報が提供されていた可能性が示唆される。

さらに，通常，尋問者がCQで尋ねた場合は付加なしの応答が，一方，OQで尋ねた場合は付加ありの応答がなされるが，この尋問では，CQに対し情報付加がある対（全CQの問いのうち16.6%）や，OQにもかかわらず情報付加がない対（全OQの問いのうち16.0%）も存在した。前者の多くは，CQにもかかわらず大野が自ら積極的に情報を付加している場合であり，一方，後者の多くは，OQにもかかわらず大野が尋問者の問いを無視したり拒否した場合であった（「わからんね」「記憶にないね」など）。尋問タイプと応答タイプの間にこうした不一致が生じているケースは，尋問全体の16.5%を占めていた。このことから，大野は尋問者が期待する形式で必ずしも応答していないことがうかがわれた。

さて次に，私たちは，今検討した量的な分析をもとに，いよいよ，尋問プロセスの質的特徴について検討することにした。5章の吉岡供述ではうまくいかなった，供述にたくみな被尋問者の供述プロセスの分析を試みることにした。ポイントは，大野は主尋問でも反対尋問でも文字数でみた場合，ある程度語っているが，その一方で，尋問者の方がむしろ大野に対し情報を提供している可能性があることだと，私たちは考えた。どのような尋問プロセスからこうした特徴が生み出されるのか。私たちは大野供述のなかに反復して現れる尋問プロセスのパターンを明らかにしようと考えた。とくに，5章では見つからなかったたくみな供述者に有効な分析単位の発見に力を注ぐことにした。

なお，これからの分析では，4,387対すべてを分析対象とはしなかった。むしろ，分析対象は絞りこんだ。まず，さきほど述べたように大野供述のうち6割程度はCQに対し付加なしの応答をする，ある意味，大野が体験者でなくても答えることが可能な尋問形式が占めていたため，これは分析の対象からはずした。そして，大野供述に繰り返し現れる特徴的な尋問プロセスをピックアップし考察を加えていくこととした。また，大野の尋問内容には事件の中核となる筋（プロット）に直接関係しない箇所も多かったことから，そこも詳細な分析の際には対象からはずした。事件のプロットに直接関係する箇所を中心に分析する方がより有益であると，私たちは考えた。

（2）大野による尋問プロセスのコントロール

　尋問全体において，大野は，「記憶にない」「そうかもしれんね」といった応答をしばしば行っていた。カウントしてみると，前者の「記憶にない」「覚えていない」といった記憶のなさを示す応答は全部で179あった。一方，後者の「そうかもしれんね」「どうだったんですかね」といった肯定とも否定ともとれる曖昧な応答は254あった。合計すると433で，公判廷における全4,387対の問答の約1割を占めていた。さらに，事件に直接関わる主要なプロットのうち（主要なプロットに関わる問答は1,674対，全体の38.2％を占めていた），記憶のなさを示す応答は76，曖昧な応答は107あったが，イエロー・キャップで山口被告から大野が直接指示を受けるプロットにおいて，とくにこうした応答が目立っていた。量的には，このプロットにおいて記憶のなさを示す応答は30と主要なプロット全体の39.5％を，曖昧な応答は32と主要なプロット全体の29.9％を占めていた。どうやら記憶のなさを示す応答や曖昧な応答は，大野供述に繰り返し現れる現象らしいし，しかも，それは供述の核心部分に現れていた。

　こうした応答は，尋問者の問いに対し大野が積極的に情報を付加しない点に特徴があることはもちろんだが，さらに，こうした応答を尋問の流れのなかでとらえていくと，記憶のなさを示す応答と曖昧な応答とが組み合わされて出現するケースが多くみられることに私たちは気がついた。そこでさらに，これら2種類の応答の組み合わせを私たちは調べてみた。すると，そこには次の3種類のパターンが認められた。

① 記憶のなさを示す応答から曖昧な応答へと移行するパターン
② 記憶のなさを示す応答から調書の確認の問いへと移行するパターン
③ 曖昧な応答から記憶のなさを示す応答へと移行するパターン

これら3つのパターンについて1つずつ検討してみよう。
①記憶のなさを示す応答から曖昧な応答へと移行するパターン
　このパターンは26箇所みられ，尋問者別では，検察官が8箇所，弁護人が18箇所であった。これらの箇所では，尋問者からのOQに対し，大野が「覚えていない」あるいは「知らない」と答えると，次に，尋問者がCQによる問いを発し，今度は，その問いに大野が曖昧に答えることで完結する，一連の問答パターンが展開していた。たとえば，次のような問答がそれにあたる。

［第18回公判　509対〜］
01　検察官　名前覚えてないですか。(OQ)
02　大　野　ちょっと覚えてないですね。(記憶のなさを示す応答)
03　検察官　「イエロー・キャップ」S東店。(CQ)
04　大　野　ああ，そういう名前やったかも知れません。(曖昧な応答)

　これは，山口被告から大野への直接指示に関する尋問の一部である。ここで大野は，尋問者である検察官の「(ファミリーレストランの)名前覚えてないですか」という問いに，「ちょっと覚えてないですね」と記憶のなさを示す応答を行っていた。これに対し，尋問者は，検事調書に基づく問い，すなわち，「『イエロー・キャップ』S東店」というCQを行っていた。すると，大野はその問いに対し，「ああ，そういう名前やったかも知れません」と答えていた。

　ここでのポイントは，大野自身は「『イエロー・キャップ』S東店」という店名に関する情報を自分の方から出すことなく，やりとり全体の内容としては店の名前が曖昧なままに肯定されていく点にある。他の箇所においても，ここにあげた問答と同じように，大野は，自ら情報を提供することなく，むしろ逆に，尋問者から情報を引き出し，それを曖昧な形で肯定していくことで尋問を進展させていた。

　この流れを模式的に表すならば，次のようになる（図6-1）。

　この流れをみてさらに私たちが気づいたことは，ここでは，問いと答えに一種の逆転現象が生じていることだった。一般に問いと答えの組み合わせは，問い→答えというペアから成り立っているが，ここではむしろ，答え→問いというペアが対話の基本単位として成立していた。つまり，大野の「覚えとらんです」という答えに対し，尋問者が調書に基づく情報を提供する，言い方を換えれば，「覚えとらんです」という答えが，尋問者に対し「それでは，尋問者の側はどんな情報をもっているのか」と大野が問う機能を果たしており，それに対し，尋問者はCQによる問いを発しているが，そのCQによる問いが，自らもっている情報を大野に提供するという，一種の答えとしての機能を果たしているのだ。したがって，対話のシステムとして，本来問われる側の大野の方が，むしろ対話の機能としては，尋問者の機能を果たし，尋問をコントロールする形になっている。私たちは，尋問される者が自らの体験に基づき想起をしていくと通常考えているが，ここでは，調書や自らの記憶に基づき答えているのは尋問をする者の方なのだ。

　ただし，こうした問いと答えの関係の逆転に，大野や尋問者自身が気づいていたか

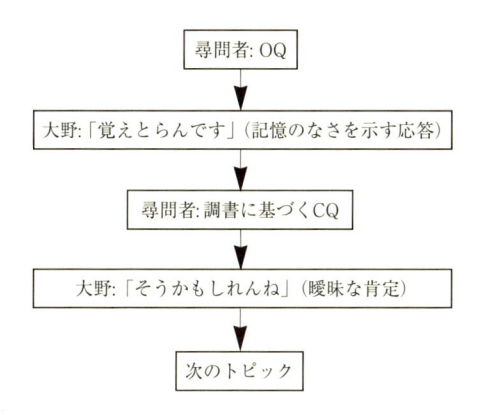

```
           ┌──────────────┐
           │ 尋問者: OQ   │
           └──────┬───────┘
                  ▼
   ┌──────────────────────────────────┐
   │ 大野:「覚えとらんです」(記憶のなさを示す応答) │
   └──────────────┬───────────────────┘
                  ▼
       ┌────────────────────────┐
       │ 尋問者:調書に基づくCQ  │
       └──────────┬─────────────┘
                  ▼
   ┌──────────────────────────────────┐
   │ 大野:「そうかもしれんね」(曖昧な肯定)  │
   └──────────────┬───────────────────┘
                  ▼
          ┌──────────────┐
          │ 次のトピック │
          └──────────────┘
```

●図6-1　大野による尋問プロセスのコントロール

否かは，速記録からはわからない。大野や尋問者の頭のなかにある内的な意図もわからない。しかし，この問答が抱える問題は，そうした気づきや意図ではなく，そこで繰り広げられる対話それ自体のシステムにある。言い換えれば，ここでの問題は，問いと答えの役割の逆転が生じている供述のパターンに働いている，対話のシステムそのものにこそある。

5章における吉岡供述ではなかなかみえてこなかった，たくみな供述者の姿が少しだけみえてきたような気がする。

② 記憶のなさを示す応答から調書の確認の問いへと移行するパターン

前のパターンでは，尋問者のCQにより，尋問者から大野に対し情報が提供されていたが，その情報の出所については明言されていなかった。それに対し，このパターンでは，大野あるいは尋問者から調書が情報の出所であることが積極的に示されている。このパターンは13箇所にみられ，尋問者別では，検察官が10箇所，弁護人が3箇所であった。たとえば，次の問答がそれにあたる。

［第5回公判　487対～］

01　検察官　店の名前ってのは，どんな店っていうふうに指摘してあった，メモには。

02　大　野　「ピンクパンサー」と書いとって。…名前だけ書いとっただけやと思うんですね。

03　検察官　スナックとかラウンジとか書いてなかった。（CQ）

04 大　野　今はちょっと分からんですね。(記憶のなさを示す応答)
05 検察官　<u>あなたの検事調書は</u>，スナックもしくはラウンジと書いてある。(検事調書への言及)
06 大　野　はあ。(曖昧な応答)
07 検察官　そうですか。
08 大　野　(うなずく)

［第5回公判　551対〜］
01 検察官　今田(仮名)からもらったということも言うたの。(CQ)
02 大　野　そこのとこはちょっと覚えとらんです。(記憶のなさを示す応答)
03 検察官　<u>検事調書ではそういうふうにはいってるとすると</u>，大体そうですか。(CQ)
04 大　野　そうやと思いますね。(曖昧な応答)

　このパターンでは，尋問者のCQに対する大野の応答をきっかけとして，図6-2に示すような問答パターンが進展していく。
　この流れでは，前のパターンと同じように，大野は，自らのもつ情報を提示することなく，尋問者がもっている情報を引き出すことが可能となる。(なお，こうした問答パターンが警察あるいは検察の取り調べ場面において行われた場合，たとえ一貫した供述が複数回にわたる調書に繰り返し記載されていたとしても，そこにみられる一貫性は，大野自身の「記憶」の一貫性ではなく，むしろ，それ以前の調書において得られた情報が繰り返し確認されていく「記録」の一貫性が示されているに過ぎないお

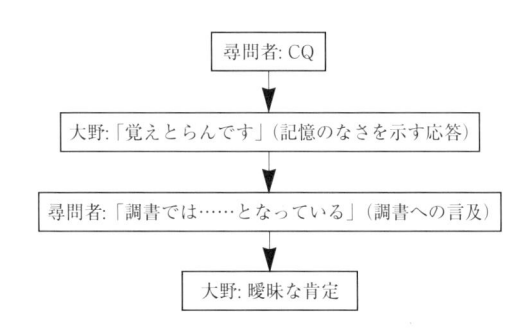

```
尋問者: CQ
   ↓
大野:「覚えとらんです」(記憶のなさを示す応答)
   ↓
尋問者:「調書では……となっている」(調書への言及)
   ↓
大野: 曖昧な肯定
```

●図6-2　調書に基づく記録の一貫性

それが生じることになる。ただし，この指摘はあくまで推測に過ぎず，公判記録のように取り調べ過程の録音テープや逐語記録が残され，証拠として採用されない限り，公判廷速記録を用いた分析と同じような検証を行うことは，残念だが今の私たちにはできない。）

　このように，以前に作成された調書記録を基準に問答が進展すると，調書の内容を大野が否定しない限り，いくら尋問を重ねたとしても，内容的には以前に書かれた調書と同じストーリーが成立することになる。

　③　曖昧な応答から記憶のなさを示す応答へと移行するパターン

　これは，最初の「覚えていない（記憶のなさを示す応答）」→「曖昧な応答」という展開とは逆のパターンである。つまり，前2つのパターンとは逆に，「曖昧な応答」→「覚えていない（記憶のなさを示す応答）」という展開を示す尋問プロセスである。このプロセスは25箇所にみられ，尋問者別では，弁護人の問いが25箇所中，24箇所（96.0％）を占めており，検察官からの問いは1箇所（4.0％）と，前2つのパターンに比べ，弁護人の問いが占める割合が高かった（検察官の問いが占める割合は，「記憶のなさを示す応答から曖昧な応答へと移行するパターン」で30.8％，「記憶のなさを示す応答から調書の確認の問いへと移行するパターン」で76.9％であった）。たとえば，次の問答がそれにあたる。

　　　［第23回公判　375対～］
　　　01　弁護人　その身内の人は，イエロー・キャップの中に入ったんですか。(CQ)
　　　02　大　野　さあ，入ったんかね，入ってないんかね。（曖昧な応答）
　　　03　弁護人　入ったのか入ってないのか，言いたくないわけですか。(CQ)
　　　04　大　野　忘れたね。（記憶のなさを示す応答）

　　　［第26回公判　423対～］
　　　01　弁護人　丸腰で行ってるんですね。(CQ)
　　　02　大　野　丸腰で行ったんかね，持って行ったんか。（曖昧な応答）
　　　03　弁護人　持って行った可能性もありますか。(CQ)
　　　04　大　野　ちょっと覚えてないね。（記憶のなさを示す応答）

　このパターンでは，大野が，尋問者である弁護人の追及に対し，情報を付加しない曖昧な応答をし，次に，それについて尋問者が追及すると，今度は記憶のなさを示す

応答を行うことで問答が終結し，次のトピックへ展開していく。ここでも，自ら情報を提供することなく尋問を進展させていく大野による尋問プロセスのコントロールがみられる。

さらに，こうしたパターンに，前のパターンにみられた検事調書に対する言及を絡めた問答も存在した。

　　［第26回公判　83対〜］
　　01　弁護人　拳銃を用意してくれということを古橋に言いましたね，道具がいるんだということを，言いませんでしたか。(CQ)
　　02　大　野　うん，言うたと思うね，か，言わなかったか。多分言うたやろうね。向こうから言うてきたんかなあ。(曖昧な応答)
　　03　弁護人　どちらなんですか。
　　04　大　野　<u>調書に書いてあるわ</u>。(検事調書への言及)
　　05　弁護人　いや，あなたの記憶としてはどちらなんですか。
　　06　大　野　覚えてない。(記憶のなさを示す応答)
　　07　弁護人　あなたから言った記憶はないんですか。
　　08　大　野　<u>調書に書いてある</u>。(検事調書への言及)

ここまで私たちは，「記憶にない（記憶のなさを示す応答）」や「そうかもしれんね（曖昧な応答）」といった大野の応答が尋問プロセスに及ぼす影響について検討してきた。これらのパターンにおいては，記憶のなさを示す応答と曖昧な応答とが組み合わされることで，被尋問者であって本来は問う側ではないはずの大野の方がむしろ尋問プロセスの進行をコントロールしていた可能性が示唆された。

（3）2つの異なる事実の放置

ここまで，尋問者によるCQや大野による曖昧な応答が生み出す尋問プロセスの問題点を指摘してきたが，次に，こうした問答が組み合わされることによって生じる事実確定の問題について検討してみよう。

①矛盾を解消しない曖昧な応答

一般に，相反する複数の陳述があった場合，事実を確定するには，体験に基づきそのうちの1つの陳述を選択することが必要となってくる。たとえば，「その日の午後

8時は居酒屋にいました」という陳述と「その日の午後8時は自宅にいました」という陳述は（自宅が居酒屋である場合を除けば）両立し得ない。その場合には，「その日の午後8時は自宅にいたのであって，居酒屋にはいませんでした」あるいは「その日の午後8時は居酒屋にいたのであって，自宅にはいませんでした」のいずれかを選択する必要がある。あたりまえのことである。

　しかし，大野の応答には，こうした選択を避け，事実に関する複数の異なる陳述を曖昧なまま放置する傾向が認められた。まず，次の問答をみてみよう。

［第5回公判　678対〜］
01　検察官　車に戻って，今田と何か会話したですか。(CQ)
02　大　野　いや，しなかったですね。(情報付加なし)
03　検察官　検事調書によると，まだ来とらへんな，ってなことでごまかしとったという記載。(CQ)
04　大　野　それは言うたですね。(情報付加なし)

　ここで，大野は，いったん検察官のCQに対し「しなかったですね」と答えながら，次のCQに対しては「それは言うたですね」と前言の「しなかったですね」と矛盾した応答を行っている。ただこの場合は，生じてしまった矛盾を，「それは」という限定を設けることで，明確に解決することなく曖昧なまま切り抜けている。こうした応答をみていくと，大野は，「ちょっとわからんですね」「そんなもんですかね」「それは言うたですね」といった曖昧な言い回しを用いることで，自分の発言間に矛盾が生じた場合であっても，矛盾があからさまに顕れないような応答を行っていることがわかる。

　さらに，次の3つの例が示すように，大野は1つの応答のなかに，本来は両立し得ないAとnot Aとが並存する答え方をしている場合がある。ここで，Aあるいはnot Aとは，論理的にはすべての可能性を包含しており，そこには意味ある情報はまったく含まれていない。この場合，情報はないが文字数だけは結構多くなり，一見すると大野がよく答えている錯覚に私たちはおそわれることになる。

［第18回公判　421対］
01　検察官　車の中で見せたんじゃないですか。(CQ)
02　大　野　見せたかも分からんし，見せてないかも分かりませんな。(情報付加

なし）

［第23回公判　375対］
01　弁護人　その身内の人は，イエロー・キャップの中に入ったんですか。（CQ）
02　大　野　さあ，入ったんかね，入ってないんかね。

［第26回公判　83対］
01　弁護人　拳銃を用意してくれということを古橋に言いましたね，道具がいるんだということを，言いませんでしたか。（CQ）
02　大　野　うん，言うたと思うね，か，言わなかったか。多分言うたやろうね。向こうから言うてきたんかなあ。

　これらいずれの問答においても，大野は，尋問者のCQを肯定も否定もせず，AとnotAを並列した形で応答している。こうした応答は，さきに述べたように，情報量のない応答といえるが，さらに，矛盾した２つの事実を並列して提示するという様式にこそ，この応答の特徴がある。これは，AかBかといった情報の確定が必要とされる取り調べや公判廷における体験確定作業において，AもBもといった重複情報を発生させる危険性を孕んだ応答といえる。
　また，大野の答えに対し，さらに尋問者が同じ質問を繰り返し，今度はそれに対し大野が「そうかもしれんね」と曖昧な応答をしたとすると，やはり，大野は情報を提供することなく，尋問者の提供する情報が曖昧なままに肯定されていってしまう危険が生じることになる。
　②　重複が生じる尋問のプロセス
　私たちは繰り返し大野供述を読んでいたが，あるときふと，大野の供述内容には奇妙なことに，同一の行為を含んだ２つ以上の出来事が時間的に接近して生じている現象を発見した。たとえば，大野の供述によれば，山口被告から直接指示を受けたイエロー・キャップへは，事件の後で再び行き，前回と同じような動きをとり，まったく同じ席に座っている。また，山口被告からの間接指示を古橋から受ける花時計での待ち合わせエピソードについても，類似した行為が日を異にして繰り返されている。さらに，大学病院に行き敵対する組の幹部のタマ（命）をとろうと下見に行くのだが，そのエピソードも時間を異にして繰り返されている。こうした出来事の繰り返しが実際に生じたと仮定することもたしかに可能であるが，こうした現象を大野供述それ自

体の特徴としてとらえることも可能である（なお，直接指示と間接指示の2つのエピソードは，供述変遷において共通した特徴をもっていた。両エピソードとも初期供述では，指示を受けた「場所」は現れるのだが，肝心の指示エピソードは出現していない。その場所での異なるエピソードが記されていた。そして，その後の供述調書において初めて山口被告からの指示エピソードが現れてくる点において共通している）。

実際，公判廷における大野の応答において，こうした行為の重複が生じている箇所がある。次にあげる例は，同一行為が繰り返される問答である。

［第5回公判　225対～］
01　検察官　赤塚（仮名）の姐さんを介して拳銃実際に受取って，S市で古橋に会いますな。
そのときにマグナム弾の話が出たんとは違うの。(CQ)
02　大　野　<u>そのときも出たです。</u>
03　検察官　今の2回目の花時計も出た。(CQ)
04　大　野　はい。

さきほど述べたように，大野は，Aなのか，それとも，Bなのかという尋問者の問いに対し，AではなくBだった，もしくは，BではなくAだったという択一式の答え方をしない。むしろ，大野の答え方には，Aだったかもしれないし，Bだったかもしれないと，両者を確定することなく曖昧なままに放置してしまう特徴がみられた。

この例では，「そのときも出た」という表現を用いることで，AかBかでなく，AもBもという形で，矛盾の解消を図っている。本来事実を確定する際には，「あれかこれか」という問いに対し，「あれ」か「これ」かどちらか一方に確定することで事実が明らかにされていく。それに対し，大野は「あれ」も「これ」もといった形での応答をすることで，両者の間に生じた矛盾の解消を図っている。

ただし，こうした「あれ」も「これ」もの発生は大野1人の力によって生じるわけではない。この発生の前には，必ず，尋問者による矛盾の指摘が先行する。そして，この矛盾を突かれた際に初めて大野は「あれ」も「これ」もという供述方略を用いることになる。その際，尋問者との問答のなかで，AもBも含めた形での新たな供述が生成されていくことになる。その意味では，こうした現象は，大野単独で生成されるのではなく，尋問者との共同作業のなかで生成されている。こうした供述パターンに両者がのってしまうと，事実の確定へと接近していかないことになる。

6章　尼崎スナック狙撃事件―尋問をコントロールしていたのは誰か―

さきほど述べたケースでは，マグナム弾の話がでたのは，「2回目の花時計のとき」と「赤塚の姐さんから拳銃を受け取るとき」の2回ということになっているが，こうした証言内容は実は取り調べ段階ではみられず，公判廷のこの場面において初めて大野によって語られた内容である。それ以前の供述調書では，マグナム弾の話がでたのは「赤塚の姐さんから拳銃を受け取るとき」のみであって，「2回目の花時計のとき」はマグナム弾の話はでていなかったのである。すなわち，このストーリーは公判廷における大野と尋問者の問答のなかで新たに創作された可能性がある。

　ただし，だからといって，同じような場面が2度以上供述のなかに現れたら，それは必ず虚偽の供述かと聞かれると，私たちは現在のところ，まだわからないと答えるしかないのが事実である。ただ，どうも冤罪が疑われる供述を読んでいくと，こうした場面の繰り返しが供述のなかによくみられるような気がするのである。この点については，きっと新たな分析手法が必要なのだろう。これは，今後の重要な課題の1つである。

（4）大野供述および証言の証拠としての問題点について

　私たちは以上のように，大野と尋問者のやりとりを分析してきたが，これらの分析から，大野のコミュニケーションについて以下のような特徴が明らかとなった。
- ①　公判廷において，尋問者より被尋問者である大野の方が積極的に尋問プロセスをコントロールする尋問連鎖のパターンが認められた。なお私たちは，こうした尋問プロセスが果たしている機能を問題にしているのであり，こうしたパターンを大野が意図的に行っていたか否かは問題にはしていない。
- ②　尋問場面において，大野自身は尋問者に対しほとんど情報を提供していなかった。
- ③　公判廷のやりとりをみるかぎり，大野の体験記憶の問題が尋問者の「記録」の問題に置き換えられてしまったおそれがある。すなわち，一見すると順調に尋問が進展しているようにみえながら，実際には，大野の体験記憶に接近していなかった危険性を私たちは指摘したのである。
- ④　大野の供述姿勢・供述戦略は事実を語る方向へは向かわず，尋問者のもっている情報や推論にのっかり，2回性の発生にみられるように，供述に矛盾が生じてもそれを放置する傾向がみられると私たちは考えた。

これらのことは，大野と尋問者の供述パターンが真の体験を語る方向には向かって

いない可能性を示唆していた。

3節　裁判の現場へ

　私たちは，2000年5月に鑑定書を最高裁判所に提出したが，2001年12月3日，最高裁により上告は棄却された。その意味では，私たちが行った分析は，最高裁の裁判結果に影響を及ぼしたとはいえないだろう。ただし，山口被告と弁護団は再審請求を行う予定である。したがって，私たちの分析がこの裁判に対しどのような意味をもつかについては，今後の経過も含め評価しなければならないだろう。

　今後の経過についてはよくわからないが，今までの経験からある程度の予測は可能だろう。まず1つ考えられるのは，ヤクザ組織やヤクザ的な人格の視点から大野供述の信用性が判断されてしまう可能性である。この視点がいかに根深いものか，私たちは何度もその壁にぶつかってきた。もう1つ考えられるのは，たしかに大野の供述には応答の仕方などに問題は認めるが，全体としてみれば，大野供述は取り調べ段階から公判廷にいたるまでその内容は一貫しており，また，その内容も具体的かつ迫真性に富んだものであり，供述の経験則からいって，信用性があるといえると論じられる可能性である。供述の経験則が抱える問題についてはこれまで何度もふれてきたので，ここではもう論じないが，この記述はオールマイティな力をもっており，何でも説明してしまうが，実は何も説明していないのである。逆に，ここで述べてきた分析結果を積極的に評価すれば，裁判所は，今までの判決理由を見直さざるを得なくなるだろう。

　鑑定書は，提出されると，私たちの手を離れてしまう。私たちは，もう何もできない。しかし，私たちが行ってきた作業が，裁判の現場でなんらかの意味をもつことができればと，私たちは願っている。そのためには，私たちは，裁判の現場に関与せざるを得ないのだ。

4節　供述心理学の視点から

　本章では，私たちはヤクザの公判供述におけるコミュニケーションについて分析を進めてきたが，最後に，こうした分析から導き出される理論的な問題について考察し

てみよう。

（1）たくみな供述者に対するコミュニケーション分析の有効性

　供述の生成過程をとらえる手法として文体分析やコミュニケーション分析が有効なことを，すでに私たちは3章の足利事件や4章の甲山事件の分析において示してきた。しかしながら，これらの事件では，被疑者や目撃者が取り調べに対し寡黙であったり供述場面に翻弄されてしまう存在であったことも事実である。供述場面に慣れていなかったからこそ，変化のなかに反復される不変項を見いだしやすかったと考えることもできる。これに対し，本事例の分析対象となった証言を行った大野は，取り調べや法廷の場をこれまでにも経験しており，ある意味，証言に長けた者であることが十分予想された。しかも，5章で検討したように，私たちにとって，たくみな供述者の供述の分析はなかなかたいへんなことであった。したがって，こうした事例であっても，コミュニケーション分析の手法が有効か否かについて検討する必要が私たちにはあった。

　今私たちは，足利事件や甲山事件における供述の問題とは，被影響性の強い，言い換えれば，取り調べ場面に慣れていない被尋問者の供述の問題だと述べた。しかしながらここで，こうした供述の問題は，同時に，本来供述のプロフェッショナルともいえる尋問者の側の問題でもあったということを思い出して欲しい。いずれの章においても，供述に長けているはずの取調官による意識せざる暗示や誘導の危険性を，私たちは指摘してきたはずである。こうした，供述を引き出すことに長けているはずの尋問者の問題をコミュニケーション分析によって指摘できるのであれば，同じように，供述に長けた被尋問者の問題についても分析が可能と考えられた。

　また，甲山事件における正岡君と尋問者のやりとりにみられたように，取り調べのプロフェッショナルであっても，展開されているコミュニケーションパターンや供述生成スキーマのなかで，自らが情報の起源になっていることに気づきにくい傾向がみられる。この傾向は，大野と尋問者のような，ある意味供述に長けた者同士であっても認められるかもしれない。

　ただし，ここで，甲山事件における供述の問題と尼崎スナック狙撃事件における供述の問題の違いについて指摘しておくことも大切かもしれない。楽天的な性善説にたてば，取調官のなかには，無実とわかっている被疑者を罪に陥れようと考える者はあまりいないと思われる。したがって，前者の甲山事件では取調官が意図的に虚偽供述

を作ろうとした可能性は低いといえるだろう。これに対し，被疑者・被告人や共犯者のなかには，自ら行った犯行を隠ぺいするため，意図的に虚偽の証言をする者がいることは十分考えられる。したがって，後者の尼崎スナック事件では意図して虚偽供述を行った可能性が比較的高いと考えられる。つまり，意図的な虚偽の可能性において，両者に大きな違いが存在することが予想された。

　しかしながら，このような意図の問題とこれまで検討してきたコミュニケーション・システムの問題とを，私たちは混同してはいけないと思う。例えば，大野供述における尋問プロセスの問題は，大野や尋問者の意識や意図にではなく，情報のソース（源）が大野にあるのかそれとも尋問者にあるのかという点にこそあった。また，甲山事件においてみられた正岡君に対する尋問プロセスの問題は，尋問者が意識していたか否かにかかわらず，尋問者の問い方が結果として暗示や誘導を招いたことにこそあった。すなわち，供述の信用性を問題にするとき，意図の有無より，むしろ，やりとりのプロセスそのものが重要である。より一般化していえば，想起という共同的な行為において何が行われているかを明らかにするには，個人の内的な意識や意図に問題の起源を求めるのではなく，そこで行われている想起コミュニケーションにおいて繰り返し現れるパターンの分析こそが肝要である。

　そう考えるならば，2章において検討した司法警察員や検察官による供述調書の記載方法は，この問題のとらえ方と真っ向から対立する記録方法といえよう。そこでは，尋問者と被尋問者のやりとりが記録者によって加工され，被尋問者による一人称の独白体で記録されることにより，情報のソースが被尋問者にあるかのような印象を与える調書が作成されてしまっている。本章の事例でいえば，公判廷速記録のコミュニケーション分析は，情報のソースが大野でなく尋問者にあったとしても尋問が進展してしまうという，大野供述のコミュニケーション特徴を明らかにした。これに対し，取り調べ段階の調書は，尋問者が所有する情報によって供述が維持された可能性について同様の方法を用いて検証することをもはや不可能にしてしまっていた。

　供述の問題を考えるには，尋問者と被尋問者のコミュニケーションの軌跡を検証する必要がある。コミュニケーションは，本来的にライブであり，ジャズのセッションのように，そこに参与する者の間で即興的に生成されていく。したがって，あらかじめ厳格に定められ固定した譜面を明らかにしようとする研究方法は，こうした現象に対し無力である。こうした現象に対しては，コミュニケーション分析のように変化しつつも反復されるパターンを明らかにしていく方法が有効であるが，ここでは何が反復されていたのだろうか。

（2）分析単位のゲシュタルト変換

　大野供述の特徴を明らかにする際に私たちが困ったことは，大野はたしかにノラリクラリ答えているが，そのノラリクラリとしたやりとりの様子を，内的な一般的人格や外的な社会的カテゴリーの問題ではなく，その場における尋問者との関係においてどのようにとらえていくか，その内在的な分析方法がなかなかみえてこなかった点にある。このように，なかなかその特徴がみえてこなかった原因の1つに「問い－答え」という一般的な分析単位への固執という問題がある。さらにこの分析単位の問題の背後には，取調室や法廷における尋問コミュニケーションの特殊性という問題がある。法廷におけるコミュニケーションは，日常の会話場面におけるコミュニケーションと大きく異なる。前者では問う者と問われる者の関係が固定化しており，検察官や弁護人は常に問う者であり，被告人や証人は常に問われる者である。これに対し，後者の日常会話では，問う者が問われる側になったり，問われる者が問う側になったり，その関係は柔軟に変化する。

　取調室や法廷における尋問コミュニケーションを分析する際，私たちは当然，この「問う－問われる」関係を核に分析を進めることになる。この「問う－問われる」という組み合わせは，4章で検討した発話の隣接ペアをなす。法廷においては，この隣接ペアが制度としても重視され，たとえば，大野が尋問者に対し質問をしようとすると裁判官はそれを制止する。法廷における尋問コミュニケーションは，一見すると「問い－答え」の連鎖に拘束されているかのようにみえる。

　しかしはたして，この「問い－答え」というペアは絶対的な分析単位なのだろうか。すでにみたように，本章のケースでは，「問い－答え」ではなく「答え－問い」という連鎖に注目したとき，初めてそのやりとりの特徴がみえてきた。その意味では，私たち分析者も，法廷コミュニケーションを分析する際に「問い－答え」の連鎖の枠組みに囚われてしまっていたといえよう。

　コミュニケーション分析では，変化しつつも反復されるコミュニケーションのパターンとそこに働く動的なシステムの発見がめざされるが，その過程では，それまでの固定したものの見方の変換が要求されることもあるのだ。本章でいえば，「問い－答え」の連鎖から「答え－問い」の連鎖へとその分析単位を変換することにより，連鎖の見えは大きく変化した。前者の単位では，大野は尋問者の問いに対しいいかげんに答えるヤクザ者に過ぎなかったが，後者の単位では，大野は尋問プロセスをむしろリードし，自ら情報を提供することなしに尋問を進展させ，尋問者もそうした大野の発

話に対し情報を提供していくという，尋問の奇妙な姿が現れてきたのである。
　こうした分析単位の変換は，ゲシュタルト心理学における「図－地」の逆転に類似した現象といえる。図－地の逆転とは，ルビンの杯（図6-3）をみたときに，白い部分に注目すると，白い杯が図に黒い部分が背景の地になるが，一方，黒い

●図6-3　ルビンの杯

部分に注目すると，2人の横顔のシルエットが図に白い部分が地になるような現象をさす。それと同じように，問いと答えの関係も見方を変えると，その様相が一変する。こうしたコミュニケーションの分析単位の変容を，分析単位の「ゲシュタルト変換」と名づけよう。

（3）証言者としての責任の問題

　第Ⅱ部で扱った4つの問題とも，旧来の実験室的な記憶研究では，研究対象とされることがほとんどなかった現象であった。しかしながら，各事例で扱った現象は，まぎれもなく私たちが生活する現実の場面において大切な意味をもつ心的現象であり，記憶や想起に関する極めて心理学的な問題を提示している。
　それでは，何が実験室的な記憶研究と本書で扱ってきた想起研究との違いなのだろうか。すでにこれまでの解説において，私たちの想起現象に対するバートレット的なアプローチについては繰り返し検討してきたが，ここでは，実験室的な記憶研究において扱われることのなかった供述における「責任」の概念について考えてみよう。
　実験室における記憶研究では，被験者の発言や反応に対する責任の問題は表面化されない。通常，記憶実験においては，被験者は正確にできるだけ多くのことを記憶し，一定の時間後，それを再びできるだけ正確に，かつ，できるだけ多く再生もしくは再認することを明示的にあるいは暗黙のうちに要請されている。こうした要請に対し被験者がしたがうことはあたりまえのこととしてとらえられており，万一実験に非協力的な被験者がいた場合にはその人のデータは分析から除外される。また，実験室においては，実験者は，被験者が再生・再認した事柄の正誤を常に知っている全知全能の神のような存在である。一方，被験者は再生・再認した事柄が正しいか否かを実験者にゆだねた，ある意味，想起した事柄に対する最終的な責任を負わない立場にある。

これに対し，本書で検討してきた目撃証言や自白の場面における2者関係はまったく異なっている。取り調べる者は基本的に，犯行が起こったときには現場に居合わせておらず，実験室における実験者のような全知全能の神の位置にはいない。たしかにテレビには，「遠山の金さん」のように，現在における検察官と裁判官を兼ねたような人物で，常に犯行現場を目撃している全知全能の神のような存在はいる。しかし，私たちが生活する実際の場面には「金さん」も「桜吹雪」も存在しないだろう。一方，取り調べられる者は，現場に居合わせていた可能性をもつ特権的な地位にある。この特権的な位置に置かれることにより，取り調べられる者は，「体験者」として体験を詳しく正確に想起するという責任を負うことになる。

本書で扱った4つの事例に共通している点は，こうした責任を被尋問者が十分に負っていない点にある。3章の須賀氏の自白は，「ついしゃべっちゃった」「羽毛のように軽さ」をもつ自白（小林，2001）であり，4章の正岡君の目撃証言は，複数の筋書きが自発的に生成されていくなかで成り立った証言であり，6章の大野の証言は，自らの体験を語らず尋問者の情報をもとに証言したり，複数の事実を並存させるといったように，いずれも体験を語る者としての責任を果たしていなかったといえよう。

一方，尋問者もまた，供述者に体験を語らせる者としての責任を負っている。彼らの責任は，尋問の対話性に留意し，事実へと尋問が向かうように質問を構成し続けていくことにある。尋問者は，尋問場面でこの方針が遵守されているかそのつど判断し，行動修正を行うしかない。3章におけるCQの多用，4章において機能していた供述生成スキーマ，6章における大野による尋問コントロールといった事実は，この方針からの明らかな逸脱であり，尋問者の責任が問われる事象であったと，私たちは考える。

また，法廷における尋問には主尋問と反対尋問があるが，こうした責任は主尋問に限定されるものではない。たしかに反対尋問では，主尋問における証言内容の矛盾を突くといった手法がとられることがあり，主尋問とは尋問の主旨や手法が異なる面もある。しかし，反対尋問であっても，CQの乱用などによって信用性の失墜のみを執拗に追求するような尋問が行われたならば，尋問者も批判を受けるべきだと私たちは考える。

さらに，問われる側と問う側の責任だけでなく，供述を評価する裁判官にも，供述を評価する者としての責任がある。裁判官の責任も，問う者・問われる者の責任とその内容は共通している。彼らの責任は，尋問の対話性に留意し，事実へと尋問が向かうように質問が構成されているかを吟味することにある。とくに，現在の員面，検面

は尋問の対話性が極度に不透明な資料であることから，取り調べ場面の資料の不透明さを十分考慮したうえで証拠評価を行う姿勢が裁判官には必要とされよう。もっとも，対話性を無視して書かれた調書が心証形成の材料にされている現状自体がそもそも問題ではある。

　責任の定義は抽象的にならざるを得ない。しかしながら，責任の問題は，供述の信用性問題と同じように，供述という行為それ自体から離れ，一般的なパーソナリティや能力の問題としてとらえられてはならない。責任は，目撃証言や自白という具体的行為において果たされるものであり，責任が果たされているか否かは，あくまで，目撃証言や自白のやりとりの軌跡を調べることにより明らかにされる，供述それ自体に内在する問題なのである。

　自白や目撃証言は，独白ではなく，共同想起であることは避けられない。それは，証言が生成されていく先端において問う側の責任と問われる側の責任が，瞬間瞬間において果たされていく行為である。私たちの軌跡の分析は，そうした責任を果たしていない供述の姿を浮び上がらせることになった。その点において，私たちがこれまで検討してきた分析の多くは，想起された出来事の真偽そのものを問うというよりも，むしろ，共同的な想起行為において尋問者と被尋問者との間で十分に責任が果たされているか否かを問う作業ともいえる。取り調べる者と取り調べられる者とが，今まさにここにおいて，遂行している想起という行為をできるだけ緻密に記述すること，それが私たちが行おうとしてきたことである。

※本章は，「被尋問者による尋問プロセスのコントロール－尼崎スナック狙撃事件－」（大橋，2001，淑徳大学社会学部研究紀要第35号）に大幅な加筆を施したものである。

さらに尼崎スナック狙撃事件について詳しく知りたい方へ

岡本嗣郎　1999　一審，二審判決に見る大いなる矛盾　実話時代2月号，86-99.

終章 いくつかの出会いの後で

　私たちが最初に関わった高輪グリーンマンション・ホステス殺人事件の資料を手にしてから，もうずいぶん時が経った。結局のところ私たちは裁判というフィールドで，何を問い，どう答えてきたのだろうか。これまでの各章での議論と重複する部分もあるが，改めて振り返り整理をしてみたい。

1節　裁判というフィールド

　私たちがこれまで取り組んできたのは，簡単にいえば他者の想起について心理学の立場から「確実なこと」を語るにはどうすればよいかという問題だった。1章でみた通り刑事事件に関わり始めた当初，たとえば三村事件に取り組んでいたころの私たちは，人間の合理性や記憶に関する一般的知識，あるいは，現場の状況や遺留品といった物証などが「確実なこと」を語るための根拠になると漠然と考えていた。

　このような私たちのスタンスに決定的な打撃を与えたのが足利事件の佐藤弁護士が放った「少年探偵団」という言葉であった。物証はそれ自体が事実を直接的に伝えるものではない。それらは解釈され，初めて意味をもつ。法廷はそうした解釈の場であり，この解釈作業以前に妥当性が保証されているものは何もない。事件現場に行き，自分たちの目でみたことを客観的事実として議論の根拠にしようとしていた私たちは，なんと自己中心的で幼稚であったことか。

　人間の合理性や記憶について心理学が蓄積してきた知識も同様である。ある条件下における人間の記憶の性質について心理学者たちが間違いないと信じている知識がたとえあったとしても，すぐに法廷でそれを使うことはできない。その知識が妥当性をもつとされるさまざまな条件が当該事件においても満たされているか否かを吟味しなければならない。心理学的な知識もまた事件という具体的文脈のなかで解釈され初めて根拠となることができる。

　このように裁判というフィールドでは，（形式的であることが多いにせよ）あらゆる人，物，知識が批判的な吟味の対象となる。つまり，あらかじめ判断の根拠となり

得ることが保証されたものは何もないのである。裁判官は，判決において判断の確固たる根拠が存在するかのように語ることが許されているが，もちろんこれは制度的に割り振られた身振りであり，実際に裁判官たちが確実な根拠をもっているわけではないだろう。彼らも絶対的な根拠が存在しない世界で実践的な解釈と判断を行っているのである。

　他者の想起について語るための根拠の不在。このことは，記憶研究者を震撼させるに十分である。1章でもふれた通り，通常の心理学的記憶研究ではオリジナルが実験者によってきちんと把握されている。実験者は自分が知っている「正解」と実験参加者の想起内容とを比較することによって，直接にはアクセスできない記憶というメカニズムについて「確実なこと」を語ることができるのである。だが裁判には，事件の全容を把握している「特権的存在者」（森, 1995）は，もちろん存在しない。

　この事態は，心理学的記憶研究を行っている研究者にとっては大問題である。しかし，日常生活において私たちはそのことにとくに不自由を感じていない。私たちは自分の記憶に絶対的な根拠がなくても，自分の体験した出来事について語り，また他者の体験語りを聞いている。日常生活における想起は，根拠によって確認・評価されるものではなく，むしろ，体験を語る自己や他者の言葉に対する無条件の信頼を基盤に展開するコミュニケーションである。絶対的な根拠が不在のまま，過去について語ることこそが日常的な想起実践の姿である。

　生態学的記憶研究を提唱したナイサーは人間の記憶のリアルなありようを求めて実験室を飛び出し，日常生活のなかに果敢に飛び込んでいった。このジャンプは「狭くリアルさに欠ける」記憶の世界から「広大でよりリアルな」記憶の世界へという，「視野」と「リアルさ」の量的変化にとどまるものではなかった。おそらくこのジャンプでナイサーは，それとは気づかぬうちに，人間の記憶をとらえるパースペクティブの最も深い断層である，特権的存在者の在／不在という境界を飛び越えたのである。だがこの決定的なジャンプがその後の生態学的記憶研究の流れのなかで十分に意識されることはなかった。多くの研究は，特権的存在者の存在を前提とした実験パラダイムのスタイルを日常生活場面に適用するタイプの研究にとどまっていた。決定的なパラダイム・シフトは先延ばしされてしまった。

　生態学的記憶研究に魅力を感じていた私たちも，実際に裁判というフィールドに入り込み，そのなかで他者の想起について何かを語ろうとしたときに初めて，自分たちが決定的なジャンプをしていたことに気づき驚愕したのである。

終章　いくつかの出会いの後で

2節　想起の個別性へ

　特権的存在者の不在というアポリア（解決できない難問）は，外在的な根拠に基づいて供述の真偽を判定しようとしたときに生じた。足利事件に取り組むなかで，私たちは供述に対して外在的な根拠に基づき分析を進める姿勢を変更しなければならないことに気づいた。そして試行錯誤の末，私たちがたどりついたのは，供述者としての須賀氏の個別性を理解すること，つまり供述者としての「須賀氏らしさとは何か」を問うという新しいアプローチであった。

　私たちが注目したのは，具体的には法廷供述における須賀氏の体験語りの文体だった。3章で検討したように，須賀氏の語りには極めて一貫した文体的特徴が存在した。「行為連鎖的想起」と「行為連続的想起」である。須賀氏は，尋問者の質問に適切に応答することがにがてで，尋問者による例示提案型の質問に対し「はい」と応答し，受け入れてしまう傾向があった。この意味において彼は，法廷のコミュニケーションの流れのなかでほとんど常に受動的・従属的な位置にあったということができる。しかし私たちが注目した須賀氏の体験語りの文体は，そうした尋問者主導によるコミュニケーションの流れのなかでも揺らぐことなく一貫して観察された。それは，須賀氏の語りのなかに反復して現れた独特の語り口とその交代のパターンであった。これを私たちは供述者としての須賀氏の個別性として取り出したのである。

　運悪く濁流に落ちた人は，その激しい流れに抗することもできず下流へと運ばれていってしまう。たしかにこの人は川の流れに対し受動的である。しかし，下流へと押し流されながらも，その人は必死に手足を動かして岸へとたどりつこうとするだろう。私たちが注目したのは，いわば，取り調べや尋問という圧倒的な力のなかで流されつつある人のこうした手足の運動である。コミュニケーションの濁流に流されながらも，なお必死に動かされ続けた須賀氏の言葉の手足。その動きのリズムとパターンは須賀氏に独特のものであり，ここにこそ彼の供述者としての個別性が見いだせると，私たちは考えたのである。

　このアプローチが標準化されたテストを用いた能力論や特性論によるアプローチと大きく異なるのは，「その人らしさ」を徹底して具体的，個別的な状況のなかでとらえようとする点にある。能力論や特性論において，標準化されたテストの実施は，「その人らしさ」を最も純粋な形で取り出すことのできる活動として位置づけられる。そしてこの活動のなかで把握された「その人らしさ」は，他の活動場面においても一

貫して存在することが想定されている。つまり「その人らしさ」とは，特定の活動場面を超え一貫して存在する「脱文脈的安定性」としてとらえられている。

これに対し，私たちは，「その人らしさ」を特定の活動場面において反復して観察される「文脈内的な安定性」としてとらえている。私たちが須賀氏の個別性として取り出した体験語りの文体は，まさに文脈内的な安定性である。この個別性は，異なった場面では観察されるか否かはわからない。しかし私たちはこのことが方法上の不備とは考えていない。私たちが問題としている「その人らしさ」は，文脈内の個別性であり，あらゆる場面でそれが観察されるか否かを検証することは必ずしも必要ないのである。

人間の個別性は行為連鎖的想起と行為連続的想起の交代のように，文脈内的な安定性の切り替わりの独特なパターンとしてとらえられるべきである。多様な文脈で現れてくる一貫性は，むしろ，この交代のパターンの特殊なあり方としてとらえられるべきものである。これまで述べてきたように，裁判という場において求められているのは「毎回が特殊・個別事例」であるような出来事の解明，つまり，「一連の尋問のなかでこの人物はいったい何をしているのか」という問いをできる限り緻密に探求していくことにほかならない。このためには私たちが試みたように，具体的なコミュニケーションの流れのなかで発見される文脈内的な安定性とその交代のパターンとしての個別性を描き出していくことが必要である。

3節　スキーマとしての個別性

バートレットは想起の個別性について次のように述べている（Bartlett, 1932）。

「（…前略…）記憶過程を心理学的に説明するときには，ほとんどの場合，記憶にはそれぞれの人に特有な性質があるといわれている。しかし，もしこの考えが正しいとすると，記憶が個人的なものだという理由は，大人の記憶のメカニズムがその人に特有な欲求や本能や関心や理想の相互作用によるスキーマの体制化に依存するからであって，各人のなかに，何か実体のはっきりしない，仮定された，持続的な「自己」があり，その自己が無数の痕跡を受け取り，それを保持していて，必要に応じて，その痕跡を再刺激しているからだとは考えられない。だから，ある種の精神病者の場合のように，能動的に体制化を行う「スキーマ」の源が相

互に切り離されてしまった場合には，想起されたものが，特定のどの個人に属するものかわからなくなってしまうことがある。」(p.213)

このようにバートレットによれば想起の個別性はあらかじめ存在する「自己」なるものによってもたらされるものでも，「想起されたもの」つまり想起内容のレベルに現れるものでもない。想起の個別性は，その体制化つまりスキーマのレベルに現れる。たとえばインディアンの民話「幽霊の戦い」を実験参加者に繰り返し想起させる有名な実験（Bartlett, 1932）においてもバートレットは，物語を構成する各部分の変化や欠落に注目しているわけではない。彼は物語の各部分を実験参加者がどのようにまとめ上げているかに焦点をあわせ，西欧文化に生きる実験参加者にみられる独特の想起のあり方を浮き彫りにすることを試みていた。これと同様に足利事件で私たちが取り組んだ須賀氏の体験語りの文体分析も，想起内容ではなく，須賀氏が「体験」をどのようにまとめ上げ，語り出すかに注目するものであった。ある文化の成員が共有している体制化の作用に注目するか，個人的な体験語りにみられる体制化の作用に注目するかという点では違いがあるものの，3章においてすでに述べたように，私たちはバートレットのいうスキーマのレベルで須賀氏の個別性を発見しようとしたのである。

だがバートレットの実験においても，最初に実験者が実験参加者に記銘すべき材料を提示していることから，一見すると，彼の方法も特権的存在者の在・不在というアポリアに巻き込まれてしまっているかのように思われる。しかし，バートレットの実験において，最初に実験参加者に提示された材料そのものの特性は，それほど大きな意味をもたない。重要なのは，ある時点での想起と次の時点での想起の間で生じた変化であり，それはオリジナルへの参照を必ずしも必要としない。想起とオリジナルの関係で想起を評価するのではなく，複数の時点における想起の間にみられる内的関係を根拠として想起者の体制化のあり方について「確実なこと」を語ることをめざすのが，バートレットのアプローチである。

足利事件における私たちのアプローチは，バートレットとは異なるタイプの反復（体験語りの文体の反復とその交代）に注目するものであるが，やはり想起の内的関係を根拠として須賀氏の想起について「確実なこと」を語ろうとするものである。上でみた通り須賀氏の体験語りの文体とは，個々の想起内容をまとめ上げていく体制化＝スキーマの作用であり，したがってそれは想起を構成する諸要素間の内的関係に関わっている。バートレットが同一対象について反復される想起間の内的関係にスキーマを見いだそうとしたのに対し，私たちは，さまざまな対象に対する須賀氏の想起

に安定してみられる内的関係を取り出すことを試みたのである。

4節　スキーマとコミュニケーション

　足利事件における分析は，須賀氏の個別性への接近として一定の成果を上げることができた。しかしこの段階での私たちのアプローチは，バートレットが強調する想起の社会性を十分に取り込んだものにはなっていなかった。須賀氏の個別性としての体験語りの文体をコミュニケーションの流れとは独立した安定性として取り出したため，スキーマとコミュニケーションが切り離されてしまっていた。

　濁流に流されている人は，必死でもがくが圧倒的な水流によって下流へと運ばれていってしまう。この人のもがきは，たしかにこの人独自の運動のパターンを示すものの，下流への移動という出来事にとっては無視してもかまわない弱い力である。ただこのことは，この人のもがきが川の流れと完全に切り離されていることを意味するわけではない。この人のもがきは，激しく変化し続ける水流に，この人なりに対応し続けることで産出され続けるものであり，水流のないところではもがきは生じない。もがきは，水の運動と身体との接面で生じ続ける関係的な現象である。これと同じようにスキーマを，その個別性を消し去らない形で，再び他者との関係性のなかに位置づけてとらえなければならない。甲山事件で私たちが行った分析は，まさにこれにあたる。そこで私たちは「供述生成スキーマ」を発見した。

　供述生成スキーマは正岡君と尋問者がズレつつも接触し続けることによって産出されたコミュニケーションの反復的なパターンである。正岡君は彼の個別性としての「不定さ」を産出し続けていた。しかし尋問者は，それを「曖昧さ」として繰り返し理解し，応答していた。このズレの反復が描く軌跡をとらえたものが供述生成スキーマである。サッカーのフォーメーションの例を思いだしてもらいたい。サッカーチームによる柔軟で組織的な動きは，たとえば個々の選手が他の選手との間で三角形の陣形をとり続けるという基本動作の継続的産出によって可能となる。この産出はあらかじめ決められた手順を繰り返し実行することではなく，試合の流れのなかでさまざまに変化する他の選手の動きに応じて自己の動きを調整することで達成される柔軟なプロセスである。正岡君の不定さの反復や尋問者による曖昧さという解釈の反復は，このように対象との関係において柔軟に調整されることで達成される「動的な個別性」としてとらえられなければならない。私たちが甲山事件の分析において取り出した供

述生成スキーマは，これら2つの動的な個別性がお互いを参照し合いながら反復するプロセスを表したものであった。すなわちそれは，不定さという正岡君の動的な個別性を尋問者の動的な個別性との関係においてとらえ返したものにほかならず，スキーマをコミュニケーションと切り離さない形でとらえるための叙述の水準なのである。

5節　社会構成主義的な想起研究とスキーマ・アプローチ

　供述生成スキーマというアイデアは，想起をコミュニケーションのなかに位置づけて理解しようとする点で，1章で取り上げた社会構成主義的な想起研究と非常に近い位置にあるように思われる。しかし両者の間には決定的な違いがある。

　社会構成主義的な想起研究が注目するのは，想起の「構成的 (constructive)」な性格である（森, 1995）。人々は過去について語り合うとき，出来事のありように関する唯一の「正解」に向かうわけではない。人々は現在の視点から過去のある側面を強調したり，削り取ったり，変形させたり，創作しながら語り合う。過去の「事実」は，人々のコミュニケーションのなかでさまざまな形で構成されていくのであり，そこには，唯一の正解が存在するわけではない。社会構成主義的な想起研究が注目するのは，コミュニケーションを通した，このような「事実」の構成の具体的な姿である。

　たとえばウーフィットは，心霊現象やUFOなどいわゆる超常現象を「体験」したと主張する人々が，自分の語っていることが「事実」であることを強調するため，どのような語りの技法を用いているかを分析している（Wooffitt, 1992）。次に示すのは，彼が分析対象の1つとしたポルターガイスト現象との遭遇体験についての語りである。この発話では超常体験の語りによくみられる「ちょうどXしているとき…そのときY」という語りの技法が用いられている。

　　「まあ，それはともかく台所のところに行きました。するとその，こんな風に手にティーポットを持って台所のドアを入っていきました。いやドアのところを入りかけたところ（X），身体が押し付けられちゃったんです（Y）。入り口の柱に，こんな風に。ティーポットはまだ身体の前に持ったままでした。」(p.117)

　この発話では記号で示した通り，「ドアのところを入りかけたところ」という箇所が「ちょうどXしているとき」にあたり，「身体が押し付けられちゃったんです」と

いう箇所が「そのときY」にあたる。このようにXにあたる部分で日常的で平凡な出来事を語ることで，当時の自分が正常な判断力をもった普通の存在であったことが強調され，話全体の信用性が高められる。これを「正常化」の機能と呼ぶ。また「ちょうどXしているとき…そのときY」という語りでは，X部分の出来事の平凡さと，Yで語られる超常的な出来事のコントラストによって出来事の異様さが際立つことになる。抜粋で語られているような心霊現象は，簡単には聞き手に信じてもらえない可能性がある。「ちょうどXしているとき…そのときY」という語りの装置は「正常化」の機能によって話の信用性を高めると同時に，XとYのコントラストによって出来事の異様さを強調するものであり，超常現象の語りにおいては非常に有効な語りの装置となっている。

このように社会構成主義的な想起研究においては，人々がどのような会話の道具を使って，どのように「事実」を構成しているかに注目する。このアプローチと私たちの分析の違いは2つある。

まず，分析対象のレベルが異なっている。社会構成主義的な想起研究では「人々」が共通して用いる語りの装置に注目する。たとえばウーフィットの研究の場合，超常体験など聞き手が簡単には信用しそうもない体験を語る際に多くの人々が同じように用いる語り方として「ちょうどXしているとき…そのときY」が取り出され分析されている。このように社会構成主義的な想起研究は個人の体験語りをデータとしながらも，そこから人々の共通性を抽出することに向かう。別の言い方をすれば，語りの共同体の特性の解明をめざすのである。各個人は，こうして明らかになった語りの共同体のメンバーとして位置づけられ，共同体の特性を体現するサンプルとして扱われることになる。これに対し，私たちのアプローチでは，これまでみてきた通り個人の「その人らしさ」の解明が課題となる。社会構成主義的な想起研究と同じように私たちのアプローチにおいても個人が用いる体験語りの装置に注目する。しかし私たちにとって重要なことは，多くの人が取り調べや法廷の尋問において共通して用いる語りの装置を発見し，司法コミュニケーションという語りの共同体の特性を解明していくことではない。私たちがめざすのは，そうした共同体のなかにあってもなお個性的な運動をみせる供述者の動的な個別性にたどりつくことである。社会構成主義的な想起研究が語りの共同体の特性に向かうという点で社会学的なアプローチであるのに対し，私たちのアプローチは，個人の特性の解明に向かう心理学的なアプローチであるといえる。

次に，社会構成主義的な想起研究と私たちのアプローチではコミュニケーションの

とらえ方が大きく異なっている。社会構成主義的な想起研究においてコミュニケーションは，人々がさまざまな語りの装置を使いながら過去の出来事について語り合いながら合意を形成していく共同作業のプロセスとしてとらえられる。これに対し私たちのアプローチでは，コミュニケーションを同じ目標に向かう共同作業ではなく，独特な運動パターンを示す各個人の動的な個別性がズレながらも接触を繰り返し，その結果生み出された軌跡として理解する。たとえば甲山事件の分析においては，正岡君と尋問者による法廷でのコミュニケーションを，動的な個別性としての不定さという姿勢を維持し続ける正岡君と，彼のそのような応答を曖昧さとして解釈し続ける尋問者が織りなす関係の軌跡（供述生成スキーマ）として理解しようとした。コミュニケーションを枠としてまず設定し，そのなかに人々を位置づけるのではなく，ローカルで反復的な姿勢を維持しながら人々が互いに接触する行為のなかから生み出されてくるものとしてコミュニケーションを理解しようとするのである。サッカーのフォーメーションの例でいえば，社会構成主義的な想起研究はゴールに向かうボールの軌跡をまず追跡し，そうした軌跡を生み出すために各選手が何をしたかを問うようなものである。この場合，各選手の行為はたとえば「ディフェンスの2選手の間を抜いて見事なスルーパスを出しました」といった具合に，チームが共有する目標（ゴールにボールをいれる）との関係で記述されることになる。これに対し，私たちのアプローチでは同じ現象を，たとえば，他の選手との間で三角形の布陣を維持し続ける個々の選手の反復的な行為の集積が，結果としてボールの運動を産出したという具合に同じ現象を生成的に理解する。コミュニケーションというシステムのなかに各個人の行為を位置づけて理解する社会構成主義的な想起研究に対し，私たちのアプローチは，語り手同士が互いに相手に対して特定の姿勢（動的な個別性）を維持し続けることによってコミュニケーションの複雑な流れが創発していく，その様子をとらえるのである。

　浜田の供述分析と私たちのアプローチは供述者の個別性に向かうという点では共通している。しかし供述分析は，社会構成主義的な想起研究と同様，コミュニケーションを事実の構築に向かう共同作業としてとらえており，この点で私たちのアプローチとは異なっている。浜田の供述分析は供述や捜査資料の緻密な読み込みによって，自白や証言が生み出されたコミュニケーション場面のありようを再構成しようとするものであった。たとえば誘導分析は，発見された供述の変遷と他の資料を関係づけ，その変遷が被疑者由来のものか，それとも，取調官由来のものかを同定しようとする方法である。こうした分析の結果として得られるのは，たとえば，取調官が圧倒的に優位となる取調室における情報生成の力学である。こうした取調官優位のコミュニケー

ションにおいて，被疑者は，供述の生成に十分寄与しない弱者として位置づけられる。このように浜田の供述分析では，各人の行為は，供述の生成というゴールに向かう共同活動への関与のあり方としてとらえられる。コミュニケーションと行為のこのような関係づけは，上でみた社会構成主義的な想起研究と類似しており，私たちのアプローチとは基本的に異なるものである。

6節　分析単位のゲシュタルト変換

　足利事件と甲山事件の分析を通して，私たちは，他者の想起について「確実なこと」を語るにはどうすればよいかという問題に対する1つの解答を得た。それは想起の現場における想起者たちの動的な個別性をとらえ，そこから創発してくるものとしてコミュニケーションの流れを理解するという方法であった。外在的な基準を設定し想起内容の真偽を判定することは，特権的存在者が不在の裁判というフィールドおいては不可能である。また浜田の供述分析のように事実の構築という共同作業への供述者のかかわり方を問題にすることは，尋問者主導の取り調べにおける供述者の弱さを示すためには有効であるが，その記述は語れてい「ない」という否定的な表現にとどまってしまう。私たちは供述者の体験語りをある確実さをもって，より積極的に描き出す方法を模索してきた。

　だが甲山事件に続いて紹介した福井女子中学生殺人事件における目撃証言の分析では，この新しいアプローチをうまく適用することができなかった。数々の変遷や矛盾を抱えつつ証言を構成していく吉岡や，安定しつつも奇妙に希薄な証言を繰り返す長島の動的な個別性を理解することには失敗した。法廷での彼らは証言の矛盾や不合理を問いただす尋問者の追求を言葉たくみにかわしていた。おそらく取調室でもそうだったのだろう。そうした彼らの語りに私たちは反復的な姿勢を見いだすことができなかった。そこにみえたのは，尋問者の追求をその場しのぎ的にかわしていくランダムな応答の集積であり，それに対し，私たちは「ヤクザだから」「いいかげん」といった人格的な評価の言葉しか見つけることができなかったのである。

　尋問をノラリクラリとかわしていくたくみな供述者の動的な個別性をとらえるにはどうしたらよいか。尼崎スナック狙撃事件の鑑定作業を通し，私たちは1つの突破口を見いだすことができた。それは「問い→答え」という「分析単位」の「ゲシュタルト変換」である。足利事件と甲山事件の分析を通じ，私たちは，供述者の動的な個別

性がどのようなものであり，それが何に向かって反復的に運動しているのかをできる限り具体的にとらえることから分析を出発させなければならないという理解に達していたはずであった。しかしこれまで私たちは，証言者の動的な個別性の具体を問う前に，証言者に「問われる者」としての役割を割り当ててしまっていたのである。「問われる者」とは「問う者」の求めに応じて語る者であり，この点でコミュニケーションにおいて常に「問う者」にコントロールされる受動的な立場にある。足利事件の須賀氏や甲山事件の正岡君の場合，コミュニケーションの流れのなかで彼らは実際に「問われる者」であった。私たちはそうした受動性のなかにも，濁流に流される人のもがきのような運動が存在することを強調してきたのであった。

　尼崎スナック狙撃事件の分析対象であった大野も，外見上はたしかに「問われる者」であった。しかしそれは須賀氏や正岡君とは異なり，彼に割り振られた社会的な役割に過ぎず，実際のコミュニケーションのなかで彼が受動的な問われる者であったわけではない。前章での分析によって明らかになった通り，「問い→答え」という従来の分析単位を「答え→問い」という新たな分析単位へと変換し大野の法廷証言をとらえ直したとき，彼は積極的に尋問をコントロールする者として法廷にいたことが判明した。彼の動的な個別性を，これまでのように濁流に流される人のもがきのような受動性のなかでとらえようとすれば，そこには定まることのない「いい加減さ」しか見いだすことができない。福井女子中学生殺人事件の分析では，「問い→答え」という分析単位を無前提に使用し，吉岡や長島を尋問者のコントロールを適当にかわそうとする者としてとらえていたため分析が行き詰まったのであった。これに対し，尼崎スナック狙撃事件の分析では，分析単位のゲシュタルト変換というアイデアによって尋問者に対し能動的なコントロールを繰り返し産出する一連の語りのパターン（「記憶にない」「そうかもしれんね」などの語り）として大野の動的な個別性を取り出すことができた。そして，こうした大野の動的な個別性と，自分が大野をコントロールしていると思い込んでいる尋問者の動的な個別性の相互参照的な関係から創発してくるものとして法廷のコミュニケーションを理解することができたのである。

　このように尋問者と被尋問者の動的な個別性のズレに焦点をあわせる分析において重要な概念が，6章で指摘した「責任」である。ここでいう責任とはもちろん「語ったことに責任をもつ」といった社会的，法的なものではなく，コミュニケーションの場における対話のパートナーの呼びかけに対しどのように応答するかといった，語りの主体としての責任である。かつてバフチン（Bakthin, M. M.）は，対話の場における話者である私が，「出来事が降りかかる受動的な容器」ではなく「さまざまな世界

から送られる言表に絶えず応答する出来事」であることを強調し，このような話者の
ありようを「応信性（addressivity）」と呼んだ（Holquist, 1990）。供述者は事件に関
わる体験をもつ者として尋問者の語りかけに応答し，尋問者は体験をもたない聞き手
として供述者の言葉を受け取り供述者への語りかけを重ねていく。供述の場において
責任を果たすとは，このように体験の語りに向かって供述者と尋問者がそれぞれの応
信性を適切に振り向けることにある。私たちのアプローチは，供述者と尋問者の応信
性とそれらの関係を，動的な個別性としてのスキーマの相互参照的な関係としてとら
える。これによって供述者と尋問者の供述の場における責任のあり方を具体的かつ詳
細に理解することができるようになる。こうした理解は，供述の評価をより緻密なも
のにすると，私たちは考える。

　私たちはまだ想起における責任という概念の検討を開始したばかりである。責任あ
る供述のコミュニケーションが創発するとき，供述者と尋問者の動的な個別性として
のスキーマはどのような相互参照的関係を構成するのか。これまで取り組んできた分
析を通して，私たちは責任ある供述のコミュニケーション（あるいは責任が回避され
ているコミュニケーション）の具体的な特徴について，いくつかの素描を行ってきた。
しかしそれはまだ供述心理学の分析方法論として十分に練り上げられてはいない。私
たちのアプローチをさらに深めていくには，今後，この問題についていっそう研究を
重ねていく必要がある。

7節　スキーマ・アプローチの可能性

　裁判というフィールドのなかで心理学者が他者の想起について確実なことを語るに
は何をすればよいのか。いくつかの事件と出会い，そのなかで試行錯誤しつつ私たち
が得たとりあえずの答えは次のようなものであった。

　供述者と尋問者の動的な個別性をとらえ，それらの相互参照的な関係の反復から創
発するものとしてコミュニケーションを理解する。こうしてとらえられたコミュニケ
ーションを責任という視点で評価し，その信用性について意見を述べる。

　この方法を私たちの導きの糸となったバートレットに敬意を表しつつ「スキーマ・
アプローチ」と名づけよう。最後に，このアプローチの可能性について簡単に考えて

みたい。

　スキーマ・アプローチのように供述の現場における供述者と尋問者のコミュニケーションを直接の分析対象とした信用性鑑定技法は，意外なことに，これまでほとんど存在しなかった。これには裁判における供述の信用性鑑定の位置づけや利用可能な資料の制約など制度的，現実的な理由も関係すると思われるが，もう1つ大きな理由として，コミュニケーションを分析するための理論と，裁判で心理学者に求められていることとの間のミスマッチがある。

　社会構成主義的な想起研究に典型的にみられるように，コミュニケーションの問題として想起を理解しようとするアプローチの多くは，分析対象を共同体のレベルに置いていた。裁判の場合でいえば，こうしたアプローチによって理解されるのは，取調室や法廷における言語的な社会的実践のあり方（の問題点）である。しかし裁判というシステム自体を相対化し批判することは，個別の事件を適切に理解し，判決を下すという裁判での作業それ自体に対しては微かな影響力しかもたない。それは外野からの野次のようにむなしく響くだけである。裁判所が心理学者に求めているのは，裁判というシステム自体の特性の理解ではなく（こうした理解はたとえば制度改革などにとっては非常に重要であるが），供述あるいは供述者の具体理解することである。私たちに必要なことは，既存のシステムを相対化し，その問題点を指摘するのではなく，既存のシステムの内部で，そのシステムをリアルなものとして生きている人々に向かって何か確実なことを語りかけることである。より具体的にいえば，裁判官，検察官，弁護士，そして事件の当事者たちと同じように特権的存在者が不在な世界の内部にとどまり続けながら，供述や供述者に対する人々の視線を変化させるべく心理学の言葉で語りかけていくことがめざすべき道である。スキーマ・アプローチは，コミュニケーション研究と裁判世界とのミスマッチを取り除き，心理学者として裁判というシステムに対話的に応信していくことを明確に意識し作り上げられた想起コミュニケーション分析のツールである。このアプローチをめぐって，私たちが強調してきたいくつかの論点，とくに，想起内容の構築ではなく想起者の個別性を問うという視点は，今後，供述心理学における実践的な想起コミュニケーション分析のあり方を考えていくときに，1つの出発点になると思う。これはまた同時に，自伝的記憶研究のように特権的存在者の不在を前提に（体験語りの共同体についてではなく）個人の想起について何かを理解しようとする生態学的記憶研究の試みにも1つの方向性を与えることになるだろう。

　私たちが取り組んできた供述の信用性鑑定の手法は，社会的実践の現場との直接的

な関係のなかで，その社会的実践のあり方について具体的な理解を構築するという点で，広い意味でのフィールドワーク研究の範疇に位置づけられる。しかし，通常のフィールドワーク研究が対象としての共同体のあり方をなんらかの形で客観的に理解し記述することを研究のゴールに設定するのに対し，私たちのアプローチは，フィールドを生きるある個人の具体的なあり方について，やはりそのフィールドを生きる他の人々への積極的な語りかけとなるような記述を生み出すことをめざしている。この意味で私たちのアプローチは，「対話的フィールド心理学」あるいは「介入的フィールド心理学」と呼ぶことができる新しいタイプのフィールドワーク研究の1つの試みであるといえる。日本の刑事裁判という，ある意味，特異なフィールドのなかで，ローカルに展開されてきたこのささやかな試みが，現実社会のなかでコミュニケーションを生きる具体的個人をとらえ，その理解を現実社会へと送り返していくという実践的で対話的な心理学の1つの具体的な提案として意味あるものだと私たちは確信している。

引用文献

Banaji, M.R. & Crowder, R.G.　1991　The bankruptcy of everyday memory. *American Psychologist*, 44, 1185-1193.

Bartlett, F. C.　1932　*Remembering : A study in experimental and social psychology.* Cambridge : Cambridge University Press.　宇津木　保・辻　正三　(訳) 1983　想起の心理学　誠信書房.

Billig, M.　1990　Collective memory, ideology and the British Royal Family. In D. Middleton & D. Edwards (Eds.) *Collective remembering.* London : Sage, pp.60-80.

Douglas, M.　1986　*How institutions think.* Syracuse, NY : Syracuse University Press.

Edwards, D. & Mercer, N. 1987 *Common knowledge : The development of understanding in the classroom.* New York : Routledge.

Edwards, D. & Middleton, D.　1987　Conversation and remembering : Bartlett revisited. *Applied Cognitive Psychology*, 1, 77-92.

Edwards, D. & Potter, J.　1992a　The Chanceller's memory : Rhetoric and truth in discursive remembering. *Applied Cognitive Psychology*, 6, 187-215.

Edwards, D. & Potter, J. 1992b *Discursive Psychology.* London : Sage.

Gergen, K. 1994 Mind, text, and society : Self-memory in social context. In U. Neisser & R. Fivush (Eds.) *The remembering self : Construction and accuracy in the self-narrative.* Cambridge : Cambridge University Press, pp.78-104.

Gudjonsson, G. 1992 *The psychology of interrogations, confessions and testimony.* Chichester : Wiley. 庭山英雄・渡部保夫・浜田寿美男・村岡啓一・高野　隆（訳）1994　取調べ・自白・証言の心理学　酒井書店.

郡司ペギオ-幸夫　1996　生命と時間，そして原生―計算と存在論的観測（承前）―　現代思想, 24, 11, 156-181.

浜田寿美男　1986　証言台の子どもたち　日本評論社.

浜田寿美男　1988　狭山事件虚偽自白　日本評論社.

浜田寿美男　1991　ほんとうは僕，殺したんじゃねえもの　筑摩書房.

浜田寿美男　1992　自白の研究　三一書房.

浜田寿美男　1998　私の中の他者―私の成り立ちとウソ―　ミネルヴァ書房.

浜田寿美男　2001a　自白の心理学　岩波書店.

浜田寿美男　2001b　目撃証言の真偽判断とその方法　渡部保夫（監）目撃証言の研究―法と心理学の架け橋をもとめて―　北大路書房, pp.268-343.

原　聰・松島恵介・髙木光太郎　1996　対話特性に基づく心理学的供述分析（上）―足利事件被告人Sの公判証言を素材として―　駿河台大学論叢, 13, 187-221.

原　聰・髙木光太郎・松島恵介　1997　対話特性に基づく心理学的供述分析（下）―足利事件被告人Sの公判証言を素材として―　駿河台大学論叢, 14, 109-176.

Holquist, M. 1990 *Dialogism : Bakhtin and his world.* New York : Routledge. 伊藤　誓（訳）1994 ダイアローグの思想：ミハイル・バフチンの可能性　法政大学出版会.

井戸田侃　1962　供述録取書作成の現実とその問題点　法学セミナー, 79, 53-57.

自由国民社(編)　1995　実用版法律用語の基礎知識最新版　自由国民社.

Klatzky, R. L. 1991 Let's be friends. *American Psychologist*, 46, 43-45.

小林　篤　2001　幼稚園バス運転手は幼女を殺したか　草思社.

Loftus, E. 1978 Reconstructive memory processes in eyewitness testimony. In B. D. Sales (Ed.) *Perspectives in law and psychology.* New York : Plenum.

Loftus, E. 1979 *Eyewitness testimony.* Cambridge : Harvard University Press. 西本武彦(訳)　1987　目撃者の証言　誠信書房.

Loftus, E. & Ketcham, K. 1991 *Witness for the defense.* New York : St. Martin's Press. 厳島行雄(訳)　2000　目撃証言　岩波書店.

Loftus, E. & Ketcham, K. 1994 *The myth of repressed memory.* New York : St. Martin's Press. 仲　真紀子(訳)　抑圧された記憶の神話　誠信書房.

Loftus, E., Miller, D. G., & Burns, H. J. 1978 Semantic integration of verbal information into a visual memory. *Journal of Experimental Psychology : Human Learning and memory*, 4, 19-31.

Middleton, D. & Edwards, D. (Eds.) 1990a *Collective remembering.* London : Sage.

Middleton, D. & Edwards, D. 1990b Conversational remembering : A social psychological approach. In D. Middleton & D. Edwards (Eds.) *Collective remembering.* London : Sage, pp.23-45.

Milne, R. & Bull, R. 1999 *Investigative interviewing : Psychology and practice.* Chichester : Wiley.

森　直久　1995　共同想起事態における想起の機能と集団の性格　心理学評論, 38, 107-136.

森井　曉　1991　供述調書の作成・機能　井戸田侃(編)　総合研究=被疑者取調べ　日本評論社, pp.387-406.

守屋克彦　1988　自白の分析と評価―自白調書の信用性の研究―　勁草書房.

Neisser, U. 1978 Memory : What are the important questions? In M. M. Gruneberg, P. E. Morris, & R. N. Sykes (Eds.) *Practical aspects of memory.* London : Academic Press, pp. 3-24.

Neisser, U. (Ed.) 1982 *Memory observed : Remembering in natural context*. San Francisco : Freeman, pp. 43-48.

Orr, J. E. 1990 Sharing Knowledge, celebrating identity : Community memory in a service culture. In D. Middleton & D. Edwards (Eds.) *Collective remembering*. London : Sage, pp.169-189.

Radley, A. 1990 Artefacts, memory and a sense of the past. In D. Middleton & D. Edwards (Eds.) *Collective remembering*. London : Sage, pp.46-59.

Roediger, H. L. 1991 They read an article? *American Psychologist*, 46, 37-40.

Schegloff, E. & Sacks, H. 1973 Opening up closings. *Semiotica*, 7, 289-327.

Shotter, J. 1990 The social construction of remembering and forgetting. In D. Middleton & D. Edwards (Eds.) *Collective remembering*. London : Sage, pp.120-138.

Sternberg, S. 1968 High-speed scanning in human memory. *Science*, 153, 652-656.

高木光太郎 1996 記憶:なぜ日常なのか? 児童心理学の進歩1996年度版 金子書房, pp. 57-80.

Vygotsky, L. S. 1978 *Mind in society : The development of higher psychological processes.* Cambridge : Harvard University Press.

Werner, H. & Kaplan, B. 1963 *Symbol formation : An organismic-developmental approach to language and the expression of thought.* New York : Wiley. 柿崎祐一(監訳) 鯨岡峻・浜田寿美男(訳) 1974 シンボルの形成 ミネルヴァ書房.

Winograd, E. 1988 Continuities between ecological and laboratory approaches to memory. In U. Neisser & E. Winograd (Eds.) *Remembering reconsidered : Ecological and traditional approaches to the study of memory.* Cambridge : Cambridge University Press, pp.11-20.

Wooffitt, R. 1992 *Telling tales of the unexpected : The organization of factual discourse.* London : Harvester Wheatsheaf. 大橋靖史・山田詩津夫(訳) 1998 人は不思議な体験をどう語るか―体験記憶のサイエンス― 大修館書店.

索　引

●あ行

曖昧さ　98,163,166
一貫性　47,60,113,144
意図　56,121,123
　～供述　121,123,128
ウーフィット(Wooffitt, R.)　13,164
ヴィゴツキー(Vygotsky, L. S.)　97
ウェルナー(Werner, H.)　3
嘘分析　19,22,40
エドワーズ(Edwards, D.)　12,81
エビングハウス(Ebbinghaus, H.)　2
オープン・クエスチョン（OQ）　44,83,139
応信性　169
オリジナル（原事象）　19,25,40

●か行

外在的な理論のあてはめ　96,115
会話分析　83
語り（ナラティブ）　42
カプラン(Kaplan, B.)　3
逆行的構成　23
　～分析　22,23
供述
　体験記憶～　46,48
　犯行行為～　53
　～生成過程　33,94,137,138
　～特性　120,124,128,131
　～外部の評価基準　60,61
　～分析　20-22,40,127

具体性　47,60,113
クローズド・クエスチョン（CQ）　45,82,125,139
行為　62
　～供述　121,123,128
　～連続的想起　125,160
　～連鎖的想起　52,125,160
公判供述　42
公判廷速記録　74,138
合理性　23,47,60
個別性　36,63,96,97,160
コミュニケーション　43,95,137,151,163,164
　～特性　138
　～分析　72,89,90,131,152
　尋問～　73,80,88,97

●さ行

時系列的接続　50
社会構成主義　12,27
　～的研究　72
　～的な想起研究　13,164,170
主尋問　30,75,139,156
少年探偵団　39,40,158
人格特性　28,36
尋問プロセス　91
　～のコントロール　141,146
スキーマ　11,27,43,65,99,100,161,166
　供述生成～　85,91,98,152,163
　～・アプローチ　169
精神鑑定　38

生態学
　～的妥当性　　6
　～的記憶研究　　8,159,170
責任　155,168
接続　50
　仮定法的～　　50
　理由～　50
　連鎖的～　51
　連続的～　51
想起　7
　共同～　8,125,131,157
　～の社会性　11
　その人らしさ　36,46,160,161

●た行

ターン　48
体験　45
　～性　47,125
対話的フィールド心理学（介入的フィールド心
　　理学）　171
単位分析　97
たくみな供述者　102,114,128,131,143,152
ダグラス（Douglas, M.）　12
脱文脈的安定性　161
調書　15,32
　供述～　15,55,134
　司法警察員面前～（員面）　32
　検察官面前～（検面）　32
　公判～　33,134
「ちょうどXしているとき…そのときY」
　　164
データの歪み　43
東京供述心理学研究会　iii
動作主　49
動的な個別性　163,165,166,168
独白体　17
特権的存在者（の不在）　159
取り調べ　29

●な行

ナイサー(Neisser, U.)　5,159
日常記憶
　～研究　6
　～学派　6
能力　28,36,41,62
　～論　41,69,70,95,160

●は行

バートレット(Bartlett, F. C.)　2,11,27,100,161
迫真性　47,60,108,113
バフチン(Bakthin, M. M.)　168
浜田寿美男　3,40,68
原聰　106
反対尋問　30,75,78,89,139,156
ピアジェ(Piaget, J.)　3
不定さ　98,163,166
分析単位　129,131,154
　～のゲシュタルト変換　154,155,167
文体　46,65
　体験語りの～　55
　～分析　44,46,48,59,64
文脈内的な安定性　161
変遷　19,72
法廷供述　42
ポター(Potter, J.)　13

●ま行

マーサー(Mercer, N.)　81
ミドルトン(Middleton, D.)　12
目撃証言　68,104,156
　～研究　9
無知の暴露　23
　～分析　22

●や行

誘導　22,40,45

～分析　22,40,166

ロフタス(Loftus, E.)　9

● ら行

● わ行

隣接ペア　83,154
例示提案型　160

ワロン(Wallon, H.)　3

著者紹介

大橋靖史（おおはし・やすし）
1961年　静岡県に生まれる
1991年　早稲田大学大学院文学研究科博士課程単位取得退学
現　在　淑徳大学総合福祉学部教授
専　門　法心理学，犯罪心理学，臨床心理学
著書・論文　想起のフィールド―現在のなかの過去―（共著）　新曜社　1996年
　　　　　　人は不思議な体験をどう語るか―体験記憶のサイエンス―（共訳）　大修館書店　1998年
　　　　　　精神保健入門（共著）　八千代出版　2000年
　　　　　　心理発達臨床概論（共著）　川島書店　2001年

森　直久（もり・なおひさ）
1965年　愛知県に生まれる
1994年　筑波大学大学院博士課程心理学研究科単位取得退学
現　在　札幌学院大学人文学部教授
専　門　社会認知心理学
著書・論文　想起のフィールド―現在のなかの過去―（共著）　新曜社　1996年
　　　　　　目撃証言の研究―法と心理学の架け橋をもとめて―（共著）　北大路書房　2001年
　　　　　　共同想起事態における想起の機能と集団の性格　心理学評論，38巻，107-136，1995年
　　　　　　想起を支える集団の形成と維持　札幌学院大学人文学会紀要，65号，43-59，1999年

高木光太郎（たかぎ・こうたろう）
1965年　東京都に生まれる
1994年　東京大学大学院教育学研究科博士課程単位取得退学
現　在　青山学院大学社会情報学部教授
専　門　発達心理学，法心理学
著書・論文　想起のフィールド―現在のなかの過去―（共著）　新曜社　1996年
　　　　　　証言の心理学―原事象へのアクセス不可能性を前提とした想起研究に向けて―　現代思想（特集―心理学への招待），28巻5号，202-211，2000年
　　　　　　行為・知覚・文化：状況的認知アプローチにおける文化の実体化について　心理学評論，43巻1号，43-51，2000年
　　　　　　ヴィゴツキーの方法―崩れと振動の心理学―　金子書房　2001年

松島恵介（まつしま・けいすけ）
1968年　千葉県に生まれる
1997年　早稲田大学大学院人間科学研究科博士課程修了
現　在　龍谷大学社会学部教授
専　門　生態心理学，認知心理学，社会心理学
著書・論文　想起のフィールド―現在のなかの過去―（共著）　新曜社　1996年
　　　　　　記憶の持続　自己の持続　金子書房　2002年
　　　　　　対話における「過去」の存在―心的過去を巡る対話の分析　実験社会心理学研究（特集―データとしての会話），36巻1号，170-177，1996年
　　　　　　不在の知覚？　現代思想（特集―アフォーダンスの視座），25巻2号，229-235，青土社　1997年

心理学者，裁判と出会う──供述心理学のフィールド

2002年4月25日	初版第1刷発行	＊定価はカバーに表示して
2012年6月20日	初版第4刷発行	あります。

著　者　　大　橋　靖　史
　　　　　森　　　直　久
　　　　　高　木　光太郎
　　　　　松　島　恵　介

〒603-8303 京都市北区紫野十二坊町12-8
発行所　　（株）北大路書房
振替口座　01050-4-2083
TEL (075)431-0361（代）／FAX (075)431-9393

©2002　制作：高瀬桃子　印刷／製本：亜細亜印刷
検印省略　落丁本・乱丁本はお取替え致します
ISBN978-4-7628-2246-9　　Printed in Japan